多模态话语分析视域下的大学英语教学模式与课程建设研究

王斐然 著

吉林大学出版社

·长春·

图书在版编目（CIP）数据

多模态话语分析视域下的大学英语教学模式与课程建设研究 / 王斐然著. -- 长春：吉林大学出版社,2022.10
ISBN 978-7-5768-1558-0

Ⅰ.①多… Ⅱ.①王… Ⅲ.①英语－教学模式－研究－高等学校 Ⅳ.① H319.3

中国国家版本馆 CIP 数据核字 (2023) 第 051978 号

书　　名	多模态话语分析视域下的大学英语教学模式与课程建设研究
	DUOMOTAI HUAYU FENXI SHIYU XIA DE DAXUE YINGYU JIAOXUE MOSHI YU KECHENG JIANSHE YANJIU
作　　者	王斐然
策划编辑	矫　正
责任编辑	刘　丹
责任校对	赵黎黎
装帧设计	久利图文
出版发行	吉林大学出版社
社　　址	长春市人民大街 4059 号
邮政编码	130021
发行电话	0431-89580028/29/21
网　　址	http://www.jlup.com.cn
电子邮箱	jldxcbs@sina.com
印　　刷	天津和萱印刷有限公司
开　　本	787mm×1092mm　　1/16
印　　张	13.25
字　　数	200 千字
版　　次	2023年5月　第1版
印　　次	2023年5月　第1次
书　　号	ISBN 978-7-5768-1558-0
定　　价	68.00 元

版权所有　翻印必究

前言
Preface

　　随着国际政治、经济往来和文化交流的日益密切，英语已经成为我国当代高校大学生必备的语言能力。与此同时，21世纪的中国高等教育正快速步入国际化和大众化时代，中国高等教育既面临严峻的挑战，又有较好的发展机会。大学英语教学是涉及多因素的复杂工程，受到社会各界极大的重视，随着英语使用的日益频繁，对大学毕业生英语水平的要求越来越高。但就目前而言，我国大学英语教学效果并不乐观，很多学生虽通过了全国大学英语四、六级考试，仍不能恰当地用英语与他人顺利交流。其根本症结在于传统的教学方法不能适应时代的发展和社会需要，信息技术的飞速发展对大学英语教学提出了更高的要求。针对这一问题，大学英语教学工作者在实践中不断摸索，寻求更富有成效的教学新思路，以实现信息技术与大学英语教学的深度融合，培养出社会需要的复合型人才。

　　多模态话语（multimodal discourse）指的是运用听觉、视觉、触觉等多种感觉，通过语言、图像、声音、动作等多种手段和符号资源进行交际的现象。[1] 多模态话语分析（multimodal discourse analysis）理论兴起于20世纪90年代，以心理语言学家韩礼德（Michael Halliday）的系统功能语言学理论为理论基础。韩礼德指出，人类交流的方式具有多样性的特征。因此，在交流时，交际者应该充分利用各种信息传递渠道传递信息，以实现交际目标。[2] 大学英语教学作为人类交流的一部分，也归属于多模态话语分析理论研究范畴。如今，在计算机技术、通信技术和显示技术日新月异、高速发展的支撑下，能够在大学英语教学过程中使用的符号也越来越丰富，如

---

[1] 张德禄. 多模态话语理论与媒体技术在外语教学中的应用[J]. 外语教学，2009（04）：15.
[2] HALLIDAY MAK. Linguistic studies of text and discourse [M]. Webster: Continuum International Publishing Group Ltd., 2005：89.

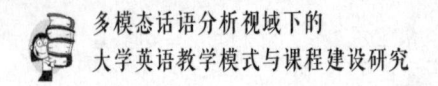

何高效使用这些符号以提高学生学习英语的兴趣成为亟待解决的问题。因而，加大对多模态话语分析理论应用于大学英语教学与课程建设的研究，对于实现大学英语教学目的具有重大意义。

本书从多模态话语分析理论解读着手，通过对多模态话语分析理论与大学英语教学研究成果的述评，总结我国大学英语教学多模态话语研究的现状及发展趋势；综述外语教学领域中一些经典的学习理论，包括系统功能语言学理论、认知学习理论、社会符号学理论、建构主义学习理论、信息加工理论、人本主义、输入假设、输出假设等理论，以及改革开放以来我国大学英语课程方案的修改与完善，以指导多模态话语分析下的大学英语教学，明确多模态话语分析理论在大学英语教学中应用的价值；对多模态话语在大学英语教学中的协同关系和认知过程进行深入分析；在分析大学英语教学现状，探寻多模态话语分析视域下的大学英语教学存在的问题及成因的基础上，有针对性地探讨多模态话语分析理论在教学方法和教学模式上的实践；探讨多模态话语分析视域下大学英语课程体系建设，主要包括大学英语视听说课程建设、读写课程建设、教材建设、师资队伍建设、课程资源建设，以及校本课程建设、后续课程建设和文化课程建设等拓展性课程建设；探讨如何有效地将思想政治教育与课程相结合，提升大学英语"课程思政"教学效果；最后，总结性地提出多模态话语分析视域下的大学英语教学模式改革与课程建设的实施路径。在多模态话语分析背景下，我国大学英语教学要与时俱进地改变传统教学理念、加大教材改革力度、完善教学评价体系、强化多模态教学、加强课程建设，旨在完善大学英语教学模式的多模态转变和课程体系建设，提高英语教师多模态话语质量，促进信息技术与大学英语教学实现深度融合，从而增强大学英语教学实效性，培养用英语和网络进行各种交际合作、运用信息构建新知识的创新型外语人才。

由于笔者的能力与研究水平有限，本书尚存在很多不足，在今后的教学工作中，笔者将持续关注多模态话语分析理论在大学英语教学模式和课程体系建设中的应用研究，期望学界同仁不吝赐教。

目录

第一章 多模态话语分析理论概述 ………………………………… 1
一、多模态话语分析理论解读 ………………………………… 1
二、多模态话语分析研究综述 ………………………………… 5

第二章 多模态话语分析理论在大学英语教学中的应用分析 ………… 22
一、多模态话语分析理论在大学英语教学中应用的理论基础 …… 22
二、多模态话语分析理论在大学英语教学中应用的现实依据 …… 40
三、多模态话语分析理论在大学英语教学中的应用价值 ………… 43

第三章 多模态话语在大学英语教学中的协同关系和认知过程分析 … 45
一、大学英语教学中多模态话语各模态之间的协同关系 ………… 46
二、认知理论与多模态英语教学的整合与同构 ………………… 63

第四章 多模态话语分析视域下的大学英语教学方法实践 …………… 71
一、分层教学法 ………………………………………………… 71
二、情境教学法 ………………………………………………… 78
三、项目教学法 ………………………………………………… 82
四、任务教学法 ………………………………………………… 85
五、质疑教学法 ………………………………………………… 89

第五章　多模态话语分析视域下的大学英语教学模式 …………… 92
　　一、多模态话语分析视域下的大学英语教学现状 ………… 93
　　二、在线教学模式 …………………………………………… 103
　　三、翻转课堂混合式教学模式 ……………………………… 109
　　四、游戏化教学模式 ………………………………………… 116
　　五、对话教学模式 …………………………………………… 117

第六章　多模态话语分析视域下的大学英语课程体系建设 …… 128
　　一、视听说课程建设 ………………………………………… 129
　　二、读写课程建设 …………………………………………… 131
　　三、教材建设 ………………………………………………… 134
　　四、师资队伍建设 …………………………………………… 140
　　五、课程资源建设 …………………………………………… 143

第七章　多模态话语分析视域下的大学英语拓展课程建设 …… 146
　　一、大学英语校本课程建设 ………………………………… 146
　　二、大学英语后续课程建设 ………………………………… 150
　　三、大学英语文化课程建设 ………………………………… 153

第八章　多模态话语分析视域下的大学英语
　　　　　教学模式改革与课程建设的实施路径 ………………… 165
　　一、转变传统英语教学理念 ………………………………… 165
　　二、加大教材改革力度 ……………………………………… 172
　　三、完善教学评价体系 ……………………………………… 174
　　四、强化大学英语多模态教学 ……………………………… 176
　　五、加强大学英语课程建设力度 …………………………… 177

参　考　文　献 ……………………………………………………… 180

附录一　计算机网络和信息技术背景下大学英语教学
　　　　情况调查问卷（学生版） ················· 189

附录二　计算机网络和信息技术背景下大学英语教学
　　　　情况调查问卷（教师版） ················· 196

附录三　大学英语口语学习情况调查问卷 ·············· 200

第一章　多模态话语分析理论概述

大学英语教学质量的好坏直接影响学生学习英语的效果。传统的大学英语教学以语言传授方式为主，通过分析性的语言来解释英语相关教学内容，但是伴随着教学不断改革，教师教学经验逐渐增加，英语教师逐渐认识到传统英语教学的弊端，即语言在传递过程中局限性较大。在信息时代，在学习过程中，学生更容易受到网络的吸引而出现注意力分散以及学习主动性较差的情况，此外，若仍旧采用传统枯燥的语言讲解方式，只是单纯地将课堂搬到网上，就削减了在线教育的魅力，失去了教育的意义。因此，很多学者开始研究多模态话语分析理论，例如用视频、图像等视觉、听觉模态，与慕课等在线教学技术相结合，形成一种在线英语教学模态化的趋势，并取得了一定的成果。如今研究多模态话语分析理论在大学英语教学中的应用具有重要的意义。

要研究多模态话语分析理论在大学英语教学中的应用，首先要理解多模态话语分析理论的概念与内涵及其研究现状。

一、多模态话语分析理论解读

（一）多模态

多模态在国内的研究历史非常短暂，仅始于学者李战子先生2003年对国外专著的译介。有关多模态的定义目前还十分宽泛，学者们从不同角度给出了不同的定义。笔者整理如下。

朱永生认为多模态指的是"交流的渠道和媒介，包括语言、技术、图像、颜色、音乐等符号系统"①。此外，他认为人类与外界主要通过人类具备的五大感官——耳、鼻、眼、舌、身与外部世界进行信息的交流和交互，这五种感官也可以称之为模态，具体表现为视觉模态、听觉模态、嗅觉模态、触觉模态、味觉模态。

顾曰国认为单模态是人类通过一个感官与外界进行交流，双模态是人类通过两个感官与外界进行交流，多模态则是通过三个或者三个以上的感官与外界进行交流。②他对多模态作如下定义：多模态是"人类通过感官（视觉、听觉等）与外部环境（如人、物件、机器）之间的互动方式"③。

笔者综合朱永生等的观点给出多模态的定义：多模态指语言符号与非语言符号在交际中的使用。语言符号指的是人们通过发音器官发出声音进而进行日常交流。非语言符号则是指除语言符号之外的其他符号，如听觉符号、视觉符号、触觉符号。这些符号常常借助物质媒体（如计算机、录音机或现代通信手段等）以文本、图像、声音、空间布局、动画等方式出现。具体来讲，教学中的多模态主要指能够利用现代媒体技术手段呈现音频模态（听觉模态）、视频模态（视觉模态）、多模态课件（视听觉模态）来调动学生的感官参与学习。

（二）多媒体与多模态

顾名思义，多媒体指的是将多种媒体集于一体，借助计算机对媒体信息进行多种方式的加工处理。一方面，多媒体指能够进行信息存储的载体，比如光盘、半导体、磁盘等。另一方面，它指用于进行信息传递的载体，比如图像、文本、动画等。顾曰国认为，多媒体指的是具有三个或者三个以上的逻辑媒介的多媒体材料。④

多媒体和多模态之间的联系和区别究竟是什么？张德禄教授在《多模态话语理论与媒体技术在外语教学中的应用》中对多媒体和多模态的关系做了详细论述。从感觉系统的角度出发，他将多媒体划分视觉媒体、听觉

---

① 朱永生.多模态话语分析的理论基础与研究方法[J].外语学刊，2007（05）：83.
② 顾曰国.多媒体、多模态学习剖析[J].外语电化教学，2007（02）：3-12.
③ 顾曰国.多媒体、多模态学习剖析[J].外语电化教学，2007（02）：3.
④ 顾曰国.多媒体、多模态学习剖析[J].外语电化教学，2007（02）：3.

媒体、触觉媒体、嗅觉媒体等。具体来看，听觉媒体包括音乐、动物的叫声、语音识别等；视觉媒体包括图标、表格、网络页面等；其他媒体则相对少见，包括日常生活中的盲文、饭菜等。他认为多媒体是能够同时调动人体多种感觉系统的媒体组合。①

笔者将多媒体与多模态的关系总结如下。首先，多模态是各种社会符号，它们具有自己独特的符号意义，而多媒体属于现代科学技术进步带来的先进的信息传递手段，它并不具备模态具有的符号性质，仅是一种存在的物质实体。其次，我们也应该意识到多模态与多媒体确实有很多重叠之处，比如图片是一种多模态符号，同时又是一种多媒体；声音和音乐既是多模态符号又是多媒体。最后，多模态的概念远远大于多媒体的概念，就像我们只能说我们的世界是多模态的，而不能说我们的世界是多媒体的。

（三）多模态话语分析

多模态话语指运用听觉、视觉、触觉等多种感觉，通过语言、图像、声音、等多种手段和符号资源进行交际的现象。②多模态话语分析理论兴起于西方20世纪90年代，以心理语言学家韩礼德的系统功能语言学理论为理论基础。韩礼德指出，人类交流的方式具有多样性的特征。因此，在交流时，交际者应该充分利用各种信息传递渠道传递信息，以实现交际目标。③

多模态话语分析的发展离不开科学技术的支持。早期的多模态研究从纸媒开始，不仅分析文字内容，还包括色彩、图形等，后来逐渐过渡到音频和视频。随着网络技术的发展，多模态研究扩展至网页，而今，随着手机应用程序的发展，人们浏览信息不再是计算机上的网页，更多转向手机、平板电脑的 App 阅读。这些设备小巧轻便，同时结合应用程序的特有功能，如定位、翻页、记笔记等功能，不断地改变人们的阅读方式，同时也激发了人们从更多角度创建话语、传递信息，页面上各个区域的文字和图像材料在不同位置的呈现也包含着丰富的意义。

---

① 张德禄. 多模态话语理论与多媒体技术在外语教学中的应用[J]. 外语教学，2009（04）：15-20.

② 张德禄. 多模态话语分析综合理论框架探索[J]. 中国外语，2009（01）：24.

③ HALLIDAY MAK. Linguistic studies of text and discourse [M]. Webster: Continuum International Publishing Group Ltd., 2005: 39.

随着新媒体时代的到来，话语在交际中使用的模态资源更加多样。多模态话语的复杂性也随之增加，这种复杂性不仅涉及单一模态的运用范围，而且关系到各模态之间的联合程度。多模态利用视觉、空间和言语表达模式的组合和合作，所形成的话语意义高于传统的语言文本。这些变化为多模态话语研究提供了新视角、新思路和新的研究内容。

多模态话语分析以批判话语分析为基础，以社会符号学为研究视角，结合韩礼德的系统功能语言学理论可以探讨话语的模态协同作用、不同符号资源的互补关系、多模态话语的功能等。社会符号系统既包括语言，又包括其他相互独立而又相互作用的社会符号，在分析语言特征的时候应该同时强调颜色、图像、声音和动作等视觉、听觉和行为符号在话语中的作用。比如，人们可以通过视觉模态观看视频，通过听觉模态接收语音信息，通过触觉模态感知事物的形状特征。通过这些模态的单独使用来认知事物是单模态，是传统的认知方法。而小学的英语教材采用图文并茂的形式吸引小朋友的注意，这种文字、图画、色彩的配合就具有多模态性，激发了读者阅读的兴趣。

多模态话语分析注重通过听觉、视觉、触觉等多种模态共同表达意义。多模态话语分析的话语综合框架由五个层面组成，即文化层面、语境层面、意义层面、形式层面和表达层面。文化层面是使多模态交际成为可能的关键层面。交际同时还受到语境因素的制约，包括话语范围、话语方式、话语基调所决定的语境因素，即语境层面。由语境因素所制约的概念意义、人际意义和谋篇意义构成意义层面。形式层面，是指意义实现的很多种形式，包括语言的词汇语法系统、视觉性的表意形体和视觉语法系统、听觉性的表意形体和听觉语法系统等以及各个模态的语法之间的关系。表达层面，其中身体的是指面部表情、手势、身势、动作等因素；工具性的如PPT、网络平台、实验室、实物（投影）、音箱等。[①]

在大学英语在线教学中，多模态话语分析理论具有良好的应用前景。在教学过程中，教师通过结合教学内容、目标、教材以及教学设备等来实现教学内容的有效提升，同时也利于教师与学生之间形成良好的互动，还

---

① 张德禄. 多模态话语分析综合理论框架探索[J]. 中国外语, 2009（01）：25.

能够帮助教师在传授英语知识的过程中通过各种感官来对教学内容进行充分的解读，进而实现内容重组。因此，多模态话语分析理论能够帮助英语教师提升教学效果，同时增加学生对英语学习的兴趣与积极性。通过感官以及视觉、听觉的交流互动，增加学生在英语学习过程中的理解能力与认知水平，同时通过理论指导的多感官强化，实现多模态环境与教学符号的有机重组[①]，让教师的英语教学信息更加准确，教学水平不断提升，达到自己预期的教学目标。英语是具有较强实用性的学科，教师在教学过程中要强化学生的口语表达和听力水平，需要教师借助一定的教学手段来实现。在倡导"互联网+"的教育背景下，如何利用纷繁复杂的多媒体平台和在线资源促进英语教学，则需要我们更深入地研究多模态话语分析理论如何应用于英语教学，探索出全新的英语在线教学模式，以提高教学效率，提升教学效果。

二、多模态话语分析研究综述

最初的多模态话语分析是针对不同领域展开的，例如结合语言学理论将视觉交际扩展为"图像语言"，将音乐交际描述为"音乐语言"等。多模态话语分析理论以冈瑟·克雷斯（G. Kress）和范·鲁文（T.V. Leeuwen）合著的《阅读图像：视觉设计语法》（*Reading Images: the Grammar of Visual Design*）一书为标志性成果，随后在不同领域蓬勃发展起来。笔者首先对国内外多模态领域主要研究方向进行介绍，然后对多模态话语分析理论应用于国内大学英语教学的研究进行述评。

（一）国内外多模态话语分析研究综述

1. 国内多模态话语分析研究综述

目前国内多模态话语分析研究主要集中在以下三个方面：基于系统功能语言学的研究、隐喻与转喻研究和多模态语料库研究。

（1）基于系统功能语言学的研究

多模态话语分析主要根据系统功能语言学理论进行研究，其原因主要在于多模态话语分析是以话语意义及其体现为研究核心，这与系统功能学

---

① 张艳. 大学英语课堂中多模态教学模式探究[J]. 文化创新比较研究，2019（06）：123-124.

理论相符合。自"多模态"这一概念引进国内以来,研究者们(李战子[①]、胡壮麟[②]、朱永生[③])开始关注相关的概念梳理和基本理论分析,认为两者一脉相承——社会符号学发展于系统功能语法。在研究类型上,经历了从理论研究到后来理论和应用并重,研究多以标识、广告、电影、宣传片为语料。孙毅[④],张丽萍、孙胜难和周贤[⑤],辛斌和唐丽娟[⑥]等研究者认为图像和文字可以作为社会符号构建话语意义,验证了多模态话语分析理论在实践中的可行性。但目前多模态话语分析理论仍然存在理论不够成熟、大部分研究的理论框架较为相似等不足,需要在完善理论框架的基础上发展应用理论。

(2)隐喻与转喻研究

认知视角的多模态隐喻理论的发展是近年来多模态研究的重要成果,相对于系统功能语言学和社会符号学的多模态话语分析,多模态隐喻分析起步较晚,在理论基础研究上集中于多模态隐喻研究的缘起、表征方式和类型,逐步为多模态与视觉转喻框架提供系统的理论基础,如赵秀凤[⑦]和王凤[⑧]的研究。研究内容大多数基于漫画、纪录片、广告、海报、演讲等语类中的多模态隐喻,为解读概念隐喻与文化认知模式之间的相互作用和互动

[①] 李战子. 多模式话语的社会符号学分析 [J]. 外语研究, 2003 (05): 1-8, 80.

[②] 胡壮麟. 社会符号学研究中的多模态化 [J]. 语言教学与研究, 2007 (01): 1-10.

[③] 朱永生. 多模态话语分析的理论基础与研究方法 [J]. 外语学刊, 2007 (05): 82-86.

[④] 孙毅. 多模态话语意义建构——以2011西安世界园艺博览会会徽为基点 [J]. 外语与外语教学, 2012 (01): 44-47.

[⑤] 张丽萍, 孙胜难, 周贤. 对话理论视角下多模态商品警示语的意义建构——烟盒警示语个案分析 [J]. 外语与外语教学, 2016 (04): 63-69, 148-149.

[⑥] 辛斌, 唐丽娟. 对一则社会公益广告的多模态解读 [J]. 外语教育研究, 2014 (01): 20-26.

[⑦] 赵秀凤. 概念隐喻研究的新发展多模态隐喻研究——兼评 Forceville & Urios-Aparisi《多模态隐喻》[J]. 外语研究, 2011 (01): 1-10, 112.

[⑧] 王凤. 言与非言的多模态隐喻研究 [J]. 外语学刊, 2013 (02): 12-16.

机制提供了新的视角和研究路径,如潘艳艳和张辉[1]、杨友文[2]、冯德正[3]等人的研究。认知语言学和多模态研究相互促进发展,但是将二者真正充分结合起来进行多模态话语分析尚未引起研究者的重视,这也是今后研究的一个方向。

(3)多模态语料库研究

多模态语料库中的语料类型多样,除了语言文字文本外,还需要结合研究对不同模态的语料进行收集和标注,国内在该领域的研究仍处于理论提出和探索阶段,在语言学领域针对多模态分析可利用的软件和技术手段较少,操作难度较大。国内学者对自建多模态语料库的研究主要在语料搜集、转写、标注、检索等方面,张振虹、何美和韩智[4],刘剑和胡开宝[5],王正和张德禄[6]等研究者发现多模态语料库建设过程较为复杂,理论层面的研讨结果和分析还不能完全应用于实践,技术方面的挑战以及语料标注也为多模态语料库分析研究增加了难度。

2. 国外多模态话语分析研究综述

相对于国内学者而言,国际上从事多模态话语研究的时间超前了十余年。综观近几年的研究,大致可以分为四类,分别是:社会符号学的多模态话语理论研究、系统功能多模态话语分析、交互社会语言学研究和认知学派的多模态隐喻研究。

(1)社会符号学的多模态话语理论

社会符号学研究包括语言及语言之外的各种模态。多模态话语分析属于社会符号学下的系统功能符号学分支,系统功能语言学则可看作系统功

---

[1] 潘艳艳,张辉. 多模态语篇的认知机制研究——以《中国国家形象片·角度篇》为例 [J]. 外语研究 [J]. 外语研究,2003(01):10-19,112.

[2] 杨友文. 海报语篇多模态隐喻表征类型研究 [J]. 外语研究,2015(03):30-35.

[3] 冯德正. 多模态语篇分析的基本问题探讨 [J]. 北京第二外国语学院学报,2017(03):1,11,132.

[4] 张振虹,何美,韩智. 大学公共英语多模态语料库的构建与应用 [J]. 山东外语教学,2014(03):50-55.

[5] 刘剑,胡开宝. 多模态口译语料库的建设与应用研究 [J]. 中国外语,2015(05):77-85.

[6] 王正,张德禄. 基于语料库的多模态语类研究——以期刊封面语类为例 [J]. 外语教学,2016(05):15-20.

能符号学的一个分支。克雷斯和鲁文等法国符号学家对形象和电影的研究方法是使用系统功能语言学理论解释其他社会符号[①]，目前已在多个领域发展出解释各种模态的语法。社会符号学的研究关注话语设计者的符号选择，使人们意识到有必要从某一种模态的语法研究发展到对跨模态的符号规则研究。

（2）系统功能多模态话语分析

韩礼德将语言视为符号资源，系统功能语法关注符号意义的生成和传播。奥图尔首先将系统功能语法应用于对展览艺术的多模态话语分析，提供了动态图像的分析理论框架。[②]奥哈洛伦和史密斯将理论延伸到数学公式、电影领域。[③]巴尔德利和蒂博提供了印刷传单、书页、网页、电影和电视广告的描述，发现了多模态影响语域变化。[④]梅钦将图像分成级阶来研究。[⑤]系统功能语言学理论是多模态话语分析的重要理论基础，不断有研究者将三大元功能思想与多模态话语分析相结合，探讨话语意义。

（3）交互社会语言学研究

斯科隆首次提出"中介话语分析"的概念，逐渐发展为介入性话语分析。[⑥]诺里斯拓展了介入理论，认为社会交互存在着不同的交际模式，各模式参与交互的程度存在差异，建立了多模态话语分析模式。[⑦]此后，研究者们从不同的研究方法和角度探索多模态互动分析中的身份构建。斯图

---

① KRESS G, VAN LEEUWEN T. Reading images: the Grammar of Visual Design[M]. London & New York: Routledge, 1996: 39.

② O'TOOLE. The language of displayed art[M]. Leicester: leicester University Press, 1994: 62.

③ O'HALLORAN L, B. SMITH. Multimodal studies[A]. In L. O'Halloran & B. Smith（eds.）. Multimodal Studies: Exploring Issues and Domains [C]. London: Routledge, 2011:37.

④ BALDRY A. P. THIBAULT. P J. Multimodal transcription and text analysis: a multimedia toolkit and coursebook[J]. London：Equinox, 2006（03）：23-29.

⑤ DAVID MACHIN. What is multimodal critical discourse studies[J]. Critical discourse studies, 2013（04）：19-26.

⑥ SCOLON. Multimodal discourse analysis as the confluence of discourse and echnology[M]. Washington: Georgetown University Press ,1998:26.

⑦ NORRIS S. Analyzing multimodal interaction: a methodological framework [M]. London: Routledge, 2004: 23.

肯布罗使用会话分析方法[1]，亨特使用批评话语分析方法[2]，卡尔达斯的社会符号学角度[3]、阿米宁等的系统功能语法角度[4]以及马丁等从常人方法学（ethnomethodology）角度展开研究[5]。

（4）认知学派的多模态隐喻

福塞维尔把认知隐喻理论和广告设计相结合，分析了广告中的图像隐喻现象，将隐喻研究深入到多模态层面，提出了图像隐喻的理论框架。[6]多模态隐喻研究在国外主要集中于分析某种具体话语类型中的多模态，如图画、广告和电影等。多模态隐喻分析为隐喻和转喻的建构和解读以及隐喻和转喻之间的互动关系研究，提供了新的研究路径。

（二）多模态话语分析理论应用于国内大学英语教学研究述评

按照刘润清关于教育科研和外语教学科研的分类标准[7]，笔者将多模态话语分析理论应用于国内大学英语教学的研究分为非实证性研究和实证性研究两个维度。

1. 非实证性研究

（1）多模态话语分析理论构建大学英语教学模式研究

国内一些学者从多模态话语分析理论出发，提出了建构大学英语多模态教学模式的方法和路径。龚晖娟提出将英语原版电影引入大学课堂，并制定了课前准备、课堂观看以及看后练习的课堂教学方案。[8]袁传有基于多模态话语分析理论探讨了复合型课程"法律英语"的教学改革，构建了教

---

[1] STUKENBROC A. Take the words out of my mouth: verbal instructions as embodied practices[J]. Journal of Pragmatics, 2014（65）：80–102.

[2] HUNT D. The many faces of diabetes: a critical multimodal analysis of diabetes pages on facebook[J]. Language & Communication, 2015（43）：72–86.

[3] CALDAS-COULTHARD C. Body branded multimodal identities in tourism advertising[J]. Journal of Language and Politics, 2008（03）：451–470.

[4] ARMINEN I, et al. Repairs as the last orderly provided defense of safety in aviation[J]. Journal of Pragmatics, 2010（02）：443–465.

[5] MARTIN J, et al. Users in uses of language: embodied identity in youth justice conferencing[J]. Text&Talk, 2013（45）：467–496.

[6] FORCEVILLE C. Pictoral metaphor in advertising[M]. London & New York: Routledge，1996：49.

[7] 刘润清．外语教学中的科研方法 [M]．北京：外语教学与研究出版社，1999：25.

[8] 龚晖娟．英语原版电影在大学英语教学中的应用 [J]．电影文学，2009（11）：143-144.

师要多模态地教、学生要多模态地学以及师生多模态地评估的三位一体的多模态信息认知教学模式。① 朱慧玲主要探讨了多模态运用的动因以及模态选用的原则。② 王玥从第二语言教与学的客体、主体及环境等三个方面探讨了多模式的社会符号分析法的第二语言教学。③ 代树兰主张从增强意识、加强理论研究和注重师资培养几方面为多模态话语分析理论应用于英语教学提供方法与策略。④ 范勇慧注重探讨如何协调多模态间的关系以及多模态教学中应该注意的问题。⑤ 郭建红和黄田主要对大学英语教学新模式中的主导模态的选择因素以及多模态选择所具有的优势进行了探讨。⑥ 杨文慧认为大学英语教师在商务英语教学中对不同模态在实用性、媒介性以及技术性等课程中的教学理念和相互作用要有所认知。⑦ 姚晓鸣从基本内容、综合教学程序两个方面构建了大学英语课堂教学的角色互动模型。⑧ 钱秀娟着重对课堂教学中的视觉模态和听觉模态进行分析，并阐明了两者意义实现的各种形式。⑨ 王拙从教师、模态的选择和协调、教学方法以及网络教学平台与传统教学模式的结合等方面探讨了大学的多模态英语教学。⑩ 魏涛和朱天祥主要从语言专业"双结合"、形式热点"专题化"、教学手段"多模态"、

---

① 袁传有．"多模态信息认知教—学模式初探"——复合型课程"法律英语"教学改革尝试[J]．山东外语教学，2010（04）：10-18．
② 朱慧玲．多模态语境下英语教学的思考[J]．长江工程职业技术学院学报，2010（01）：76-77．
③ 王玥．多模态话语研究视角下的第二语言教学[J]．哈尔滨学院学报，2010（08）：89-92．
④ 代树兰．关注多模态话语教学 提高学生交际能力[J]．山东外语教学，2011（03）：48-53．
⑤ 范勇慧．多模态话语分析在英语教学中的应用研究[J]．内蒙古民族大学学报，2011（04）：168-169．
⑥ 郭建红，黄田．多模态互存的大学英语教学新模式[J]．湖南工业大学学报（社会科学版），2011（04）：113-115．
⑦ 杨文慧．论大学商务英语教学课程战略理念与模式构建[J]．广东外语外贸大学学报，2011（05）：85-89．
⑧ 姚晓鸣．多模态大学英语课堂的角色建模与教学设计[J]．郑州航空工业管理学院学报（社会科学版），2011（04）：168-171．
⑨ 钱秀娟．多模态话语在研究生导师课堂教学中的体现[J]．赤峰学院学报（汉文哲学社会科学版），2011（06）：220-221．
⑩ 王拙．大学多模态英语教学初探[J]．长春金融高等专科学校学报，2012（04）：69-71．

教学内容"深解析"、教学素材"多元化"、学生学习"自主化"、考核评价"素质化"以及教学科研"互转化"等方面探讨了多模态双语复合型教学模式的设计。①陈小近和谭明霞从教师话语、演示文稿以及非言语模态的互动性方面探讨了多模态话语的交互设计。②任俊桦集中探讨了模态的选择、搭配,同一模态各媒体间的协作以及多模态练习的设计。③曾蕾调查了高校英语课堂中多模态话语教学的现状。④刘菲从多模态教学资源构建、多通道教学信息传递、多模态英语课堂教学开展、多模态英语课外实践教学设计、多模态英语教学评价体系等方面探讨了多模态英语教学的体系构建。⑤王蓓和陆晓华指出多模态话语分析理论应用于大学英语课堂教学具有积极意义。⑥周健结合交互设计理论,建构了"互动蜂窝模型",并对该模型的七个要素进行了阐释。⑦沈兆文从教学模式、教学内容以及课程考核体系等方面探讨了基础英语课程的多模态教学设计。⑧郭爽认为多模态环境下大学英语任务教学分为多模态教学任务设计和多模态任务教学实施。⑨王粉梅提出了勿求多、勿求同和大胆试的多模态选择三原则。⑩刘燕从教学资源、教学方式和评价手段等方面入手,探讨了多模态视野下的独立学院大学英语

---

① 魏涛,朱天祥. 多模态双语复合型教学模式探索[J]. 外国语文,2013(91):177-179.
② 陈小近,谭明霞. 外语教师课堂多模态话语交互性设计[J]. 长春教育学院学报,2013(12):144-145.
③ 任俊桦. 多模态PPT演示教学在大学英语教学中的优化研究——以天津工业大学英语拓展课程"美国社会与文化"为例[J]. 西南农业大学学报(社会科学版),2013(12):133-136.
④ 曾蕾. 大学英语多模态教学模式研究[J]. 北京科技大学学报(社会科学版),2014(05):9-15.
⑤ 刘菲. 国际化人才培养目标下的多模态高校英语教学体系构建[J]. 外语研究,2014(06):63-66.
⑥ 王蓓,陆晓华. 多模态话语分析理论在大学英语课堂教学中的应用研究[J]. 湖北函授大学学报,2015(17):139-140.
⑦ 周健. 新媒体背景下的多模态话语分析理论应用研究——以大学英语教学为例[J]. 浙江传媒学院学报,2015(02):118-221.
⑧ 沈兆文. 英文影视作品在《基础英语》多模态教学中的应用研究[J]. 哈尔滨职业技术学院学报,2015(03):118-119.
⑨ 郭爽. 多模态大学英语任务教学实践探究[J]. 长春师范大学学报,2015(10):116-118.
⑩ 王粉梅. 蒙古族大学生公共英语课堂多模态教学实践[J]. 沈阳农业大学学报(社会科学版),2015(05):590-594.

教学优化研究。①沈兆文和张其海则认为影视作品应用于英语教学，能够满足学生学习英语时的视觉、听觉、触觉等感觉需求，从而有利于激发学生的学习兴趣，提高学生的英语综合能力。②辜贤禹认为多模态互动教学模式由学期初课程导入、单元主题选择、单元主题练习、主题活动设计、活动展示评价和教学反馈等六部分组成。③柯惠娟构建了由移动学习指引、数字化辅助教学以及教学效果反馈与评价组成的多模态环境下大学英语移动教学模式。④

从上述文献看，国内的研究大多集中在将多模态话语分析理论应用于大学英语的教学模式构建。研究从各方面构建大学英语的多模态教学模式，虽然取得了成绩，但大都是思辨性的研究，缺乏验证，因此一定程度上缺乏说服力。从"观察描述—假设提出—预示—假设检验—理论成果"演绎法研究思路来看⑤，目前国内大学英语的多模态教学模式的研究才发展到第三步。"假设"只有得到"试验"的验证才可能发展成理论，因此，未来研究应该增加对模式的验证试验。

（2）多模态话语分析理论与大学英语视听说教学

基于多模态话语分析理论，国内学者从不同层面对大学英语视听说教学展开研究。谢竞贤和董剑桥主要论述了多媒体、多模态条件下的听力教学本质、文本选择及任务设计。⑥夏艳探讨了大学英语视听说教学中的文化导入的互动模式。⑦邱晓红提出以主、次模态的合理运用，模态的有机灵活

---

① 刘燕. 多模态视野下的独立学院大学英语教学优化研究[J]. 长治学院学报，2015（06）：101-103.
② 沈兆文,张其海.《基础英语》课程多模态教学设计研究[J]. 河北广播电视大学学报，2015（03）：69-71.
③ 辜贤禹. 网络环境下大学英语多模态互动教学模式建构[J]. 高教论坛，2016（07）：69-74.
④ 柯惠娟. 多模态环境下大学英语移动教学模式建构[J]. 海南广播电视大学学报，2017（02）：154-158.
⑤ Seliger, Shohamy. Second Language Research Methods[M]. New York: Oxford University Press, 1989：56.
⑥ 谢竞贤，董剑桥. 论多媒体与多模态条件下的大学英语听力教学[J]. 外语电化教学，2010（06）：9-13.
⑦ 夏艳. 多模态性大学英语视听说教学中文化导入的互动模式研究[J]. 常熟理工学院学报，2011（06）：63-65.

转换以及模态前景、背景有效配合的路径来指导高职商务英语听说教学。[①]任红锋等探讨了听力与多模态环境、自主学习及有效学习三者之间的关系，并总结了多模态环境下自主听力有效学习的三大特征。[②]张瑞认为多模态听力教材的运用、教学模式的设计以及学习模式等环节构成多模态英语听力教学模式。[③]高翔认为，静态图片类视觉信号如果主要是提供交际场景而与对话内容无关时，学生听力表现与单纯听音差异不明显，反之，则可以提升听力理解的表现。而动态视频类试听测试则有较多的积极评价。[④]

基于文献，多模态话语分析理论与大学英语视听说教学的研究主要有：①多模态教学模式的探讨，如夏艳和张瑞的研究；②多模态教学设计，如谢竞贤、董剑桥和邱晓红的研究；③多模态英语听力自主学习模式，如任红锋等人的研究；④多模态听说测试，如高翔的研究。相比其他学科，国内研究者对该科目的研究范围更广，数量更多。究其原因，在于视听说课程本身就要求视觉模态与听觉模态的参与，因而对多模态指导教学的需求更迫切。

（3）多模态话语分析理论与大学英语写作、词汇、口语、翻译、阅读及英美文学教学

将多模态话语分析理论与大学英语写作教学实践结合，陈楚雄提出教师教学及学生学习多模态构成了大学英语写作教学多模态化。[⑤]原伟亮把写作教学分解为学前写作、课堂讨论、听取教师的范文评析、接受教师的写作指导、自我修正、小组交流与评议、课外任务型练习与接受教师评阅等环节。[⑥]王焰基于互动教学内涵和多模态理论，把写作教学分为教学主体、

---

① 邱晓红. 基于多模态话语分析理论的高职商务英语听说教学改革探索 [J]. 无锡职业技术学院学报，2011（03）：49-52.

② 任红锋，张晓世，杨琴琴，等. 多模态环境下自主听力有效学习及其特征简析 [J]. 山西农业大学学报（社会科学版），2013（08）：857-859，864.

③ 张瑞. 多模态英语听力教学模式探析 [J]. 长春教育学院学报，2013（02）：90-91.

④ 高翔. 英语多模态听力测试的现状与展望 [J]. 四川教育学院学报，2011（08）：98-101.

⑤ 陈楚雄. 多模态化大学英语写作选修课教学策略研究 [J]. 和田师范专科学校学报，2011（02）：127-128.

⑥ 原伟亮. 多模态话语分析在英语写作教学中的应用 [J]. 浙江海洋学院学报（人文科学版），2014（02）：67-70.

教学主客体以及教学客体之间的多模态互动。① 孔亚楠认为外语课堂中使用图像加文字的多模态话语能够为目的语学习者提供更多的语境信息，帮助其更有效地理解和记忆词汇。② 刘海清从构建警务英语口语库、利用视频创设情境、教师再创情境、采取形成性和终结性相结合的评价模式等方面探讨了多模态视角下的公安院校大学英语口语教学策略。③ 张琳认为听觉和视觉模态符号组成了大学英语口语课堂的模态符号。④ 刘芹和潘鸣威从语音、词汇、句法、篇章、非言语交际等多个标注维度构建了我国理工科大学生英语口语多模态语料库。⑤ 赵锐以语音训练和"主题式"口语练习为案例探析了多模态视阈下的大学英语口语教学实践。⑥ 周天楠、何利民和李春明主张从选材、课堂、翻译理论以及评估4个方面探讨翻译教学策略的多模态性。⑦ 吴雪颖分析了改编电影的多模态特征，电影与文学作品的多模态融合，电影、多模态交际效果以及利用改编电影进行英美文学多模态教学的原则。⑧ 郭志斌认为基于人本主义的英文影视多模态教学，教师要以"学生为本"，多开展以学习为中心的、多模态的、积极的学习活动，以实现最佳教学效果。⑨ 李碧云从课堂教学、网络学习、第二课堂以及考核方式4个方面构建多模态英美文学教学模式⑩。李冰芷认为把握英文语境中的逻辑顺序分析语篇可

---

① 王炤. 多媒体英语写作教学中的多模态互动模式 [J]. 外语电化教学，2010（06）：14-19.
② 孔亚楠. 多模态话语分析与外语词汇教学 [J]. 语文学刊，2008（12）：154-156，159.
③ 刘海清. 多模态视角下的公安院校大学英语口语教学策略 [J]. 湖北警官学院学报，2015（04）：155-157.
④ 张琳. 大学英语口语课堂中的多模态话语分析 [J]. 重庆科技学院学报（社会科学版），2010（13）：202-204.
⑤ 刘芹，潘鸣威. 理工科大学生英语口语多模态语料库构建研究 [J]. 现代教育技术，2010（04）：69-72，119.
⑥ 赵锐. 多模态视阈下的大学英语口语教学实践探析 [J]. 西安文理学院学报（社会科学版），2016（06）：103-106.
⑦ 周天楠，何利民，李春明. 多模态视阈下的大学英语翻译教学策略研究 [J]. 重庆文理学院学报（社会科学版），2017（06）：105-110.
⑧ 吴雪颖. 基于改编电影的英美文学多模态教学模式探析 [J]. 电影文学，2009（22）：155-156.
⑨ 郭志斌. 基于人本主义的英文影视多模态教学 [J]. 电影文学，2010（22）：150-151.
⑩ 李碧云. 英美文学多模态教学模式的构建与实践 [J]. 渭南师范学院学报，2017（10）：50-54.

以提高阅读效率[①]。姚克琴认为可以从教师教学设计、学生的多模态学习以及师生多模态反馈3个方面构建非英语专业英语阅读教学模式[②]。马莉、刘庆连和刘忠伏从文化、语境、内容和表达4个层面探讨了在大学英语阅读教学中对学生多模态识读能力的建构。[③]

与视听说相比较，国内学者关于多模态话语分析理论与写作、词汇、口语及翻译、阅读及英美文学教学的研究数量相对较少。虽然口语教学研究和写作教学研究占有一定的比例，但是涉及翻译、词汇、阅读及英美文学教学的研究却不多，因此完善各个方向的研究对整个英语教学来说具有重大的意义。

（4）多模态话语分析理论与学生多元识读能力的研究

从提升学生多元识读能力视角出发，吴玲娟认为融合了文字、声音、色彩、动画、印刷版式等符号资源并涉及听觉、视觉等多种感官交互的多模态英语教学能更有效地提升学生的多元识读能力。[④]韦琴红表明，大一学生倾向使用直观性多模态语篇来展示演示文稿，但对其他符号模态的运用以及利用技术和各种信息渠道来构建意义的能力还不够，由此认为目前大一学生的多元识读意识和能力较弱，并提出了改进策略。[⑤]胡雯主张从教师和学习者两个角度出发培养多模态识读能力。[⑥]万文君指出当前的学生具有一定的多模态意识及认知水平，但是对于非语言符号的表意功能还不够清晰。[⑦]

---

① 李冰芷. 多模态话语理论在大学英语阅读教学中的应用[J]. 长春教育学院学报，2013（02）：96，103.

② 姚克勤. 多模态话语分析与非英语专业阅读教学模式探索[J]. 西安财经学院学报，2014（03）：122-124.

③ 马莉，刘庆连，刘忠伏. 多模态识读能力在大学英语阅读教学中的建构[J]. 湖北科技学院学报，2015（11）：121-123.

④ 吴玲娟. 多模态英语教学对大学生多元识读能力影响实证研究[J]. 现代教育技术，2013（10）：82-86.

⑤ 韦琴红. 多模态化与大学生多元识读能力研究[J]. 外语电化教学，2009（02）：28-32.

⑥ 胡雯. 多模态话语分析在英语教学中的应用[J]. 山东理工大学学报（社会科学版），2011（03）：104-108.

⑦ 万文君. 大学英语多模态读写能力现状及对策探析[J]. 湖北函授大学学报，2017（24）：156-158.

该方向的研究主要涉及学生多模态识读能力培养的意义、学生多模态识读能力的现状以及培养学生多模态识读能力的教学设计，但是这些研究大体上还是限于思辨及对西方理论的验证研究，因此，探讨适合本土学生的多模态识读能力的培养方案是未来的发展趋势。

（5）多模态话语分析理论与使用演示文稿教学研究

针对目前普遍使用的演示文稿教学，一些研究者从不同角度开展了相关研究。戴培兴、方小菊和高蕴华认为演示文稿具有可操作性、承载信息量大以及模态变化的优势，是语篇、语境、信息结构的再现。[①] 江华珍和陈清从演示文稿的视觉模态、音响模态以及视频模态等方面探讨了演示文稿在大学英语课堂的运用。[②] 范莹芳、杨秀娟和王军通过文献研究、调查与采访以及课件制作及试用、效果反馈分析等方法，研究确立了文学史课程中多模态课件设置的原则。[③]

使用演示文稿教学是目前高校课堂的主要模式，因此该类课题的研究能够有效地促进高校教学质量的提升。虽然目前国内研究指出在演示文稿制作时要注意各个模态之间的协调和搭配，但是对于各个模态之间具体应该如何搭配和协调以及各个模态搭配对于学习者会产生何种影响，研究者们大多没有给出具体答案。据此，笔者认为引进计算机技术、认知心理学等学科的知识对于该类课题的研究具有重大意义。

（6）多模态话语分析理论及其他

魏际兰指出精读课教师话语的多模态特征可以总结为：①以视觉、听觉模态为主要模态；②以教师语言为主要媒体；③工具性媒体必不可少。[④] 陈黎峰和韩娜提出从利用跨境电商平台、实施多模态教学方法以及多模态

[①] 戴培兴，方小菊，高蕴华. 技术与意义的生成——论多模态 PPT 在大学英语课堂中的应用 [J]. 东华大学学报（社会科学版），2008（02）：122-129.

[②] 江华珍，陈清. 论多模态 PPT 在大学英语课堂中的应用 [J]. 琼州学院学报，2011（03）：129-130.

[③] 范莹芳，杨秀娟，王军. 英国文学史及选读课程多模态课件设置研究 [J]. 长春教育学院学报，2013（23）：64-65.

[④] 魏际兰. 大学英语精读课教师话语的多模态分析 [J]. 四川教育学院学报，2011（03）：98-102.

评价方式等方面实施课程改革。①任蓉从概念意义、人际意义以及语篇意义上分析课堂中的文字和图像是如何构建意义的,并指出教师对整个课堂的掌控程度是多模态符号资源意义构成的影响因素。②

目前国内多模态话语分析理论应用于大学英语教学微观方面的研究,除了大学英语多模态教学应用理论研究,视听说、口语、词汇、翻译、英美文学教学研究,学生多元识读能力培养研究外,还涉及教师话语、跨境电商课程、意义构建和多模态评价的研究,但是对后四者的研究力度还有待加强。

2. 实证性研究

针对多模态教学对于提高学生英语能力的有效性,国内研究者从不同角度收集和分析整理相关定量和定性数据,展开研究。龙宇飞和赵璞的研究结果表明,多模态与元认知策略之间有较强的交互,两者的结合比单独的元认知策略或多模态更能促进听力理解。③刘芹和潘鸣威设计出一套中国大学生英语口语非言语交际标注指标,并进行了试验验证,结果表明,在非言语交际上存在不充分、不自然进而影响整体口语输出质量的情况。④王玉雯研究表明多模态英语听力自主学习能有效地提高听力自主学习及口语学习能力。⑤陶亚楠调查了多媒体环境下不同的模态组合对专业英语听力理解的影响,研究表明:①合理模态组合可以显著提高学生的听力理解;②视觉模态和听觉模态信息需要相互对应才能发挥积极作用,并且英语字幕比汉语字幕更有利于听力理解。⑥盛仁泽研究了元认知策略、多模态、元认

---

① 陈黎峰,韩娜. 基于多模态话语分析的跨境电商课程改革探索 [J]. 宁波教育学院学报,2017(05):31-33.
② 任蓉. 多模态大学英语课堂语篇的话语意义构建 [J]. 广西教育学院学报,2015(06):152-155.
③ 龙宇飞,赵璞. 大学英语听力教学中元认知策略与多模态交互研究 [J]. 外语电化教学,2009(04):58-62,74.
④ 刘芹,潘鸣威. 多模态环境下中国大学生英语口语非言语交际能力研究初探 [J]. 外语电化教学,2010(02):38-43.
⑤ 王玉雯. 多模态听力自主学习的设计及其效果研究 [J]. 外语电化教学,2009(06):62-65.
⑥ 陶亚楠. 多模态专业英语听力教学模式的实证研究 [J]. 长春教育学院学报,2014(07):71-72.

知策略和多模态交互以及传统听力和听力理解以及词汇附带习得的关系。研究结果显示，元认知策略和多模态交互比单独运用更能够促进听力理解和词汇附带习得。[①] 付蓓利用文字、图片和声音等各种符号建立一个读写情景并对该教学模式的可行性进行了验证。研究显示多模态化的英语写作教学能有效提高学生英语写作能力和对写作学习的热情。[②] 李晶通过实证研究检验了多模态话语分析理论应用于大学英语写作教学的效果，结果表明，实验班的学生写作成绩和对照班学生的写作成绩差距显著。[③] 张征表明，多模态文稿演示教学能够提高学生的学习成绩，对提高学生的短时记忆效率有帮助，但与长效学习成绩相关性不够显著。[④] 都婧婧研究认为播放电影视频班级的教学效果比未播放视频班级的效果好。[⑤] 戴志敏和郭露构建了多模态信息认知案例教学效果评价模型，研究以学生个体、案例教学期望、案例选择偏好及案例教学准备为潜变量并进行结构方程分析。结果表明，上述4个因素不仅相互影响，而且共同影响着多模态案例教学的效果。[⑥] 顾成华认为网络学习平台、教师课堂导读、学生会话交流以及其他各类社会资源构成了现代信息技术的大学英语多模态自主学习。实证研究表明，该模式对于提高学生自主学习能力和学生的英语水平均起到了积极作用[⑦]。夏颖的实证研究则指出教师传统教学模式与学生自主学习两者折中的学生自主

---

① 盛仁泽. 元认知策略与多模态交互下的听力理解和词汇附带习得 [J]. 黑龙江高教研究，2011（09）：179-182.
② 付蓓. 多模态化的英语写作教与学 [J]. 湖北师范学院学报（哲学社会科学版），2010（05）：136-139.
③ 李晶. 多模态视角下大学英语写作教学模式研究 [J]. 长春教育学院学报，2014（07）：76, 109.
④ 张征. 多模态PPT演示教学与学生学习绩效的相关性研究 [J]. 中国外语，2010（03）：54-58.
⑤ 都婧婧. 英语电影视频语篇与视听说教学 [J]. 电影文学，2011（08）：161-162.
⑥ 戴志敏，郭露. 多模态信息认知教学模式中案例教学效果解析 [J]. 教育学术月刊，2013（01）：79-83.
⑦ 顾成华. 基于现代信息技术的大学英语多模态自主学习 [J]. 长春教育学院学报，2013（23）：68-69.

学习模式具有最好的学习效果。[①]

目前国内学者对于多模态话语分析理论与大学英语教学的实证研究主要集中于视听、写作、教学模式，而对口语、翻译、英美文学、学生多元识读能力、翻译等方面的研究却鲜有涉及。只有对多模态话语分析理论与大学英语教学各个方面的研究进行实证才能够证明观点的可靠性和科学性，才能够证明理论指导的可行性，因此，加大对各方面的实证研究对于检验各个研究成果的效度和信度具有重要意义。

3. 成就与不足

目前国内多模态话语分析理论与大学英语教学研究涉及大学英语教学的各个方面，有着丰富的研究成果，标志着国内大学英语多模态教学研究逐步由不成熟走向成熟。具体而言，目前该主题的研究成就可以概括如下。

（1）研究范围广且呈现多元化趋势

纵观现有文献，多模态话语分析理论与大学英语教学研究涉及教学模式构建、视听说、写作、口语、翻译、英美文学、学生多元识读能力、演示文稿教学以及教师话语研究。

（2）研究理论创新

自多模态话语分析理论被引入到国内以来，国内学者就开始探讨其与外语教学的结合。胡壮麟和董佳[②]、顾曰国[③]、张德禄[④]等学者的研究为多模态话语分析理论应用于国内的外语教学研究奠定了理论基础。袁传有[⑤]、

[①] 夏颖. 基于多模态话语分析理论的大学生自主学习模式研究——以大学英语课程为例 [J]. 黑龙江高教研究，2016（09）：138-141.

[②] 胡壮麟，董佳. 意义的多模态构建——对一次PPT演示竞赛的语篇分析 [J]. 外语电化教学，2006（03）：3-12.

[③] 顾曰国. 多媒体、多模态学习剖析 [J]. 外语电化教学，2007（02）：3-12.

[④] 张德禄. 多模态话语理论与媒体技术在外语教学中的应用 [J]. 外语教学，2009（04）：15-20.

[⑤] 袁传有. "多模态信息认知教—学模式初探"——复合型课程"法律英语"教学改革尝试 [J]. 山东外语教学，2010（04）：10-18.

周健[①]、柯惠娟[②]等学者结合认知语言学、新媒体技术以及计算机技术与多模态话语分析理论构建大学英语教学模式，对于相关研究的完善具有重要意义。

尽管国内多模态话语分析理论与大学英语教学研究已经取得了很大的成就，但仍有很大的拓展空间，具体如下。

首先，研究范围有待拓展。通过中国知网的高级搜索引擎以多模态话语分析理论与英语教学为关键词搜索相关文献，截至2023年1月总共搜到223篇，其中涉及大学英语教学的有141篇，初中英语教学的34篇，小学英语教学的7篇，高中英语教学的7篇，高职英语教学的30篇，中职英语教学的4篇。从不同教育层次涉及的论文研究数量来看，目前国内多模态话语分析理论与英语教学研究主要涉及大学英语教学的论文颇多，这和大学要求教师进行教学科研有很大关系。但是，只有加大对高职、中职、高中、初中及小学等各个层次的英语教学研究，才能够验证理论的普适性。

其次，研究方法比重有待平衡。如前文所述，目前国内关于多模态话语分析理论与英语教学的研究主要属于思辨性研究。然而这类研究仅仅属于一种对问题的假设，研究中各种模式的创造及对英语教学的积极作用只能够看作是一种逻辑性强的推理结果，仍待验证，缺乏信度和效度。尽管国内关于该类课题的实证研究数量也在不断攀升，但是研究也仅仅限于听力、写作以及教学模式的验证，而对其他方面的研究却鲜有触及。因此，加大相关实证研究可以提升研究结果的信度和效度。

再次，适时进行研究内容转向。蔡基刚在"'外语环境下'开展英语作为二语教学的范式探索"一文中详细论述了"外语教学"和"二语教学"，并认为把英语作为二语教学是"一带一路"和一流大学、一流学科建设背景下中国英语教学的主要出路[③]。因此，国内多模态话语分析理论加大对

[①] 周健. 新媒体背景下的多模态话语分析理论应用研究——以大学英语教学为例[J]. 浙江传媒学院学报, 2015（02）: 118-221.

[②] 柯惠娟. 多模态环境下大学英语移动教学模式建构[J]. 海南广播电视大学学报, 2017（02）: 154-158.

[③] 蔡基刚. "外语环境下"开展英语作为二语教学的范式探索——改革开放40周年我国高校外语教育的回顾与反思[J]. 东北师大学报（哲学社会科学版）, 2018（05）: 12-17.

ESP（即 English for Specific Purposes，专门用途英语或特殊用途英语，以下简称 ESP）英语教学的探讨，对于适应未来国内英语教学改革的方向具有建设性意义。

最后，跨学科知识引进不够。目前国内多模态话语分析理论与大学英语教学的研究大部分都是以胡壮麟[1]、顾曰国[2]、张德禄[3]等学者的研究理论为指导理论，进行理论的研究验证，缺乏对跨学科知识的引进。然而韦琴红指出，多模态话语的最大特点就是跨学科性。[4]因此，多模态话语分析理论与大学英语教学的研究也应该引进跨学科知识，以完善相关研究。例如：以认知科学的研究成果为借鉴，用双编码理论、认知负荷理论和建构主义理论分析探讨多模态学习过程以及学生的习得特点，从而指导演示文稿上模态的呈现、搭配与协同；以语用学的关联理论来指导模态的选择；以人际语用学理论来指导大学英语多模态教学的人际意义的构建等。通过跨学科知识的引进，可以为大学英语多模态教学提供更多的研究视角，也可以为目前课题研究所遇到的问题，如模态的选择、搭配以及协同等提供新的解决思路。

---

[1] 胡壮麟，董佳. 意义的多模态构建——对一次 PPT 演示竞赛的语篇分析 [J]. 外语电化教学，2006（03）：3-11.
[2] 顾曰国. 多媒体、多模态学习剖析 [J]. 外语电化教学，2007（02）：3-12.
[3] 张德禄. 多模态话语理论与媒体技术在外语教学中的应用 [J]. 外语教学，2009（04）：15-20.
[4] 韦琴红. 多模态化与大学生多元识读能力研究 [J]. 外语电化教学，2009（02）：28-32.

第二章 多模态话语分析理论在大学英语教学中的应用分析

随着多媒体技术在教育领域的广泛应用，多模态话语分析理论在大学英语教学中应用的理论问题开始进入人们的视野。目前关于多模态话语分析理论在大学英语教学中应用理论的探讨还不是很多，对多模态话语分析理论在大学英语教学中应用的本质研究还不够深入。本章主要论述外语教学领域中一些经典的学习理论，包括系统功能语言学理论、认知学习理论、建构主义学习理论、人本主义理论、输入输出假设、互动假设等理论，以及改革开放以来我国大学英语课程政策和多模态话语分析理论在大学英语教学中应用的价值，它们是本书研究的理论基础和现实依据，用来指导多模态话语分析下的大学英语教学。

一、多模态话语分析理论在大学英语教学中应用的理论基础

（一）系统功能语言学理论

系统功能语言学把语言当成是人类交际的其中一种资源，探究的是人们如何运用语言去表达自己的思想和达到交际目的，因此涉及的面非常宽范。韩礼德创建的系统功能语言学，主要由融为一体的系统和功能两个部分组成。系统是由一系列语言功能选项组成的集合，功能是系统中体现的语言意义和价值。该理论以语义为核心，建立在一个基本假设之上，即在最底层上，一切语言都离不开交际中的语言运用本质。根据系统功能语言

学理论，语言要同时体现三种元功能——概念功能、人际功能、语篇功能。概念功能，即语言表达人类的经验和逻辑关系的功能；人际功能，即语言表达交际者之间的交流关系和角色关系以及社会地位的功能；语篇功能，即语言表达语篇和语境的关系，以及语篇内部的组织的功能。

多模态外语教学的理论，即从系统功能语言学那里接受了语言是社会符号和意义潜势的观点，认为语言以外的其他符号系统也是意义的源泉；接受了系统理论，认为多模态话语本身也具有系统性；接受了纯理功能假说，认为多模态话语与只包含语言符号的话语一样，也具有多功能性，即同时具有概念功能、人际功能和语篇功能；接受了语域理论，认为语境因素和多模态话语的意义解读之间有着密不可分的联系。

系统功能语言学可以作为多模态话语的理论框架。这个框架主要由五个层面的系统组成。

（1）文化层面

包括作为文化的主要存在形式的意识形态和作为话语模式的选择潜势的体裁或者称体裁结构的潜势。

（2）语境层面

包括由话语基调和话语方式组成的语境构型。

（3）意义层面

包括由几个部分组成的话语意义及概念意义、人际意义和语篇意义。

（4）形式层面

实现意义的不同形式系统，包括语言的词汇语法系统，视觉性的表意形体、听觉性的表意形体和听觉语法系统、触觉性的表意形体和触觉语法系统等，以及各个模态的语法之间的关系，分为互补性和非互补性的两大类。互补性包括强化和非强化两类；非互补包括内包、交叠、增减、情景交互。

（5）媒体层面

是话语最终在物质世界表现的物质形式，包括语言的和非语言的两大类，语言的包括纯语言的和伴语言的两类。非语言的包括身体性的和非身体性的两类。身体性的，包括面部表情、手势、身势和动作等因素；非身体性的，包括工具性的，如PPT、实验室、实物（投影）、音响、同声传译室等。

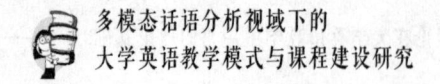

（二）社会符号学理论

社会符号学以韩礼德的系统功能语言学为基础。社会符号学关注的是特定于某一文化、某一社团的符号实践。社会符号学优先研究的是把指称行为作为实例，并把社会的指称实践作为经常的、可重复的、可识辨的类型。它认为社会有意义的行动构成各种文化（社会符号系统），文化就是相互连接的、对社会具有意义的实践系统。人们依赖这种系统使这些实践和其他实践具有意义，不仅仅是通过清晰的信息传递，也通过所有形式的对社会有意义的活动（说话、画图、衣着、烹调、建筑、打架等）。

模态是可对比和对立的符号系统，比如，我们感受客观世界的视觉、听觉、触觉、味觉、嗅觉是不同的感知模式，再具体说，写文章、唱歌、跳舞是采用符号表达情感的模式。韩礼德关于信息传递的社会符号学理论推动了多模态表达的研究。首先，物质的媒体经过社会长时间的塑造，成为意义产生的资源，可表达不同社团所要求的意义，这就成了模态。所有模态具有表达意义的潜势。非社团成员不能全部懂得这些意义，因为模态和意义具有社会的和文化的特殊性。其次，作为言语的语言模态、作为书面语的语言模态及其他模态往往是交织在一起的，在信息传递语境下它们同时存在、同时操作。这种互动本身就产生意义。使用者经常对表达和信息传递的模态加以改变，以适应社会的信息传递需要，如此一来，已有的模态被改造，新模态被创造。

（三）认知学习理论

认知学习理论强调学习过程是人们获得知识、存储保持知识、整理改善并运用知识的过程，而知识的获得、保持和运用都离不开认知结构；学习在于内部认知的变化，是内发的、主动的和整体性的。学习行为的目的、意义等是控制学习的可变因素。认知学派的主要相关理论如下。

1. 皮亚杰的认知结构理论

近代最有名的儿童心理学家让·皮亚杰（J.Piaget）根据以他为代表的日内瓦学派对儿童心理发展的研究和其他学科有关认识论的研究提出了发生认识论，试图以认识的历史、社会根源以及认识所依据的概念和运算的心理起源为根据来解释认识，特别是解释科学认识。皮亚杰心理学的理论核心是发生认识论，主要研究人类的认识（认知、智力、思维、心理的发生和结构）。认为人类的知识不管多么高深、复杂，都可以追溯到人的童年时期，甚至可以追溯到胚胎时期。所以儿童出生以后，认识是怎样形成的，智力思维是怎样发展的，它是受哪些因素所制约的，它的内在结构是什么，各种不同水平的智力、思维结构是如何先后出现的等都值得研究。

美国心理学家布鲁纳（Jerome Seymour Bruner）提出：认知结构就是学习者头脑里的知识结构，它是学习者全部观念或某一知识领域内观念的内容和组织。学习就是使新材料或新经验和旧的材料或经验结为一体，形成一个内部的知识结构，即认知结构，这个结构以图式、同化、顺应和平衡的形式表现出来并各自发挥着作用，如图2-1所示。

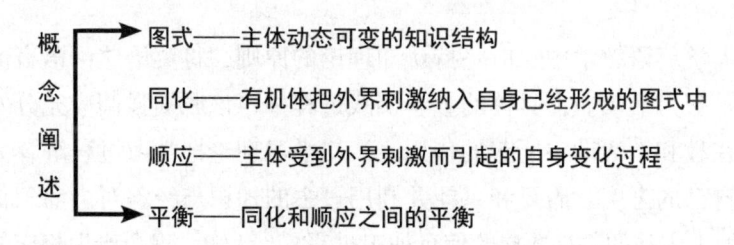

概念阐述
- 图式——主体动态可变的知识结构
- 同化——有机体把外界刺激纳入自身已经形成的图式中
- 顺应——主体受到外界刺激而引起的自身变化过程
- 平衡——同化和顺应之间的平衡

图2-1　认知结构概念

认知结构理论揭示了"发生认识论"的基本内涵，认为成熟、经验、社会作用和平衡是影响人们认知发展的四个主要要素。该理论强调：知识来源于行动，认识发生于主客体之间的相互作用。学习不是被动地形成反应，而是主动地形成认知结构。认知理论重视认知结构及其与课堂教学的关系，重视对学生学习行为的研究。主张采用一定手段有意控制学习者的认知结构，提高认知结构的可利用性、稳定性、清晰性和可辨别程度。

2. 布鲁纳的认知发现说

布鲁纳的认知学习理论认为，学习是学习者主动形成认知结构的过程，强调对学科的基本结构的学习。他提倡发现学习法，提倡个体通过主动发现形成认知结构。布鲁纳的认知学习理论建立在对人类学习进行研究的基础之上，所谈认知是抽象思维水平上的认知，对培养现代化人才具有积极意义。

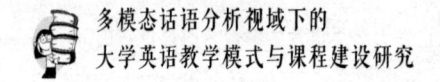

3. 奥苏伯尔的认知同化论

奥苏伯尔（D.P.Ausubel）提出的课堂教学规律，既重视原有认知结构的作用，又强调学习材料本身的内在逻辑关系，认为"学习是认知结构的重组"，学习变化的实质在于新旧知识在学习者头脑中的相互作用，新的学习材料与学生原有的认知结构发生关系，进行同化和改组，在学习者头脑中产生新的意义。奥苏伯尔强调有意义学习的过程是新的意义被同化的过程，同化可以通过接受学习的方式进行。和发现学习一样，接受学习重视内在的学习动机与学习活动本身带来的内在强化作用，是有意义的学习，也是积极主动的过程。但不足之处在于它脱离社会实践来研究人的认识活动，把它归结为单纯的内部过程和意识系统，把人的认识活动归结为纯粹的认知行为。

在当代大学英语教学中，应坚持认知理论的原则，将英语这门语言的学习看作一种智力活动。在具体的教学实践过程中，该原则强调应充分发挥智力因素在教和学活动中所起的作用。认知学习理论把学习过程解释为每个人根据自己的态度、需要和兴趣并利用过去的知识与经验对当前工作的外界刺激做出主动的、有选择的信息加工过程。[1] 认知过程会产生相应的结果，也就是认知产物。认知产物经过加工之后，能够在行为中很好地展现出来。就当代英语教学本身来看，认知原则着重强调在对语言规则充分、有效的理解的基础上来操练并使用英语。其中，教师的提示和指引就是认知过程最原始的出发点。在教师的帮助下，学生能够掌握并总结出一些规律，然后在此基础上逐渐学会主动地学。在当代英语教学实践中，贯彻认知原则应一方面要求充分重视对英语社会知识和文化的认知和理解；另外一方面，要求注重培养学习者的识别力、观察力及对源文化或英语文化的调查能力等。英语教学中所坚持的这一原则也是同瓦莱特对文化教学中的五种类型的总结和归纳相一致的，即掌握礼节、理解日常生活、文化意识、理解文化价值、对目标文化的分析。

认知主义学习理论揭示学习心理发展的内在机制和具体过程，找到了一条人的高级学习活动的途径，抓住了人的思维活动的本质，在一定程度

---

[1] 郭昱麟. 浅谈认知主义学习理论的研究及其应用[J]. 黑龙江科学, 2015（09）: 112-113.

上克服了行为主义的不足。认知主义学习理论认为学习是构建意义的行为。"构建意义"是指学习者在与外部环境互动时,构建自己所理解的意义。学习行为分三个过程:外部环境互动,获取信息;大脑处理外部环境互动获取的信息,构建意义;学习效果的外部行为表现,获取实践能力。信息获取方式包括:视觉、听觉、触摸、嗅觉、味觉、空间感和身体效仿。构建意义时,大脑通过视、听、触、嗅和味五个模态(感官)处理与外部互动信息。实践能力包括听、说、读、写、译、体态等能力。模态是可对比和对立的符号系统,媒体是符号分布印迹的物质手段,如产生语篇采用印刷的或手写的手段,说话时发出的声音,身体的动作,或计算机显示器上的光脉冲。

多模态外语教学在各种模态的协调合作下,有效地避免了英语课堂教学教师"一言堂"的传统教学模式。通过借助于多种教学方式和教学手段将学生的口、鼻、耳、身体等调动起来参与语言的学习。

（四）建构主义理论

随着心理学家对人类学习过程认知规律研究的不断深入以及多媒体计算机和网络教育应用的飞速发展,建构主义学习理论越来越多地出现在网络多媒体辅助教学的研究中,成为教学环境、教学互动、教学设计等的主要理论依据。

1. 建构主义核心观点

以皮亚杰为代表的建构主义认为:儿童在与周围环境相互作用的过程中,逐步建构起关于外部世界的知识,从而使自身认知结构得到发展;儿童与环境的相互作用涉及"同化",学习者把外部环境中的信息归到自己原有的认知结构中去与其"顺应",学习者调整自己原来的认知结构并建立或者重组新的认知结构以便适应外在环境。认知通过同化与顺应这两种形式来达到与周围环境的平衡。儿童的认知结构就是通过同化与顺应过程逐步建构起来的,并在"平衡—不平衡—新的平衡"的循环中得到不断的丰富、提高和发展。

维果斯基（Lev Vygotsky）提出的"文化历史发展理论"则强调认知过程中学习者所处社会文化历史背景的作用,揭示了人类心理发展的两个基本规律：其一，人所特有的心理机能只能产生于人们的协同活动和人与人的交往之中；其二，人所特有的新的心理过程结构最初必须在人的外部活动中形成，随后才能转化至内部，成为人的内部心理过程结构，即内化的过程。并据此提出了"最近发展区"的理论，丰富、完善了建构主义理论，为其实际应用于教学过程创造了条件。

2. 建构主义学习观

建构主义强调学习者在理解环境和赋予信息以特殊意义方面的积极作用，认为知识的获得是学习者与外部环境交互作用的结果，学习的实质是一个积极主动的构建过程，学生不是被动地接受外在的信息，而是根据先前认知结构主动地、有选择地知觉外在的过程。学习者获得知识的多少取决于其根据自身经验建构有关知识的意义的能力，"情境""协作""会话""意义建构"是学习环境中的四大要素。

学习者的学习不是简单被动地接受外部指导的过程，而是在合作式的学习中通过"同化"或"顺应"来建构认知，这种建构无法由他人代替。在学习共同体中，学习者以自己原有的知识经验为基础，对新信息重新认识和编码，构建组成个人解释的内部知识表征，并且不断地根据人们赋予其经验的意义进行调整。

3. 建构主义教学观

建构主义认为，学习者的知识来源于主客体的相互作用，学习者是信息加工的主体、是意义的主动建构者，教师是意义建构的帮助者、促进者。教学就是引导学生进行有意义的学习，引导学习者以原有的经验、心理结构和信念为主来建构知识，教学过程既要注重教师的主导作用，又不能忽视学生的自我认知主体作用，还要关注和强调学习的主动性、社会性和情境性。教学只有逐步减少外部控制，增加学生自我控制学习的过程，才能使学生成为独立的学习者。建构主义强调将信息和网络技术有效地融合于各学科教学过程，为"自主建构"学习提供一种理想的教学环境，从而实现支持自主探索、情境创设、多重交互、合作学习、资源共享等多方面要求的新型学习方式。

4. 建构主义知识观

知识不是客观存在的真理，它依赖于不同的个体认知。任何一种传载知识的符号系统都不是绝对真实的表征。带有不同经验的个人在与他人交往中，通过建构形成对自己有意义的信息。知识并不能绝对准确无误地概括世界的法则，提供对任何活动或问题解决都适用的方法。知识也不可能以实体的形式存在于个体之外。

5. 建构主义学习环境

在建构主义看来，理想的学习环境包括"情境""协作""会话""意义建构"四大要素。在教学设计中，创设有利于学习者建构意义的情境是最重要的环节。同时，师生之间、生生之间的协作也应贯穿于整个学习活动过程中。协作学习的过程就是会话的过程，在此过程中，每个学习者的想法都为整个学习群体所共享。意义建构是教学过程的最终目标，其建构的意义是指事物的性质、规律以及事物之间的内在联系。

通过对上述理论的梳理笔者发现，大多数建构主义学者有以下几点共识：第一，教学以学生为中心；第二，学习是学习者主动建构内部心理表征的过程，学习过程中要最大限度地发挥学习者的能动性；第三，学习过程同时包括两个建构，一是对原有知识的改组和重构，二是对新信息的意义的建构；第四，学习既是个别行为，又是社会性行为，学习需要交流与合作；第五，强调学习的情境性，重视学习过程对情境的创设；第六，强调资源对意义构建的重要性。

在教育技术领域，曾有过把行为主义和建构主义对立起来的观点，在设计和实施学习支持上经常互不相容。然而，新型的教学模式——网络背景下的多媒体教学模式已越来越多地将不同的学习理论整合在一起，说明人们在考虑教学的丰富性和多样性，在教学设计上更为全面和理性。

（五）人本主义理论

20世纪50年代兴起的人本主义强调态度、感情等非理性因素在教育中的作用，提倡教育过程中的沟通、理解、氛围以及学习者个体的自我实现。20世纪七八十年代教育界开始关注对学习者的研究，90年代以后，越来越多的学者积极投入到研究中，研究成果也丰富起来。例如，1999年由简·阿洪德（Jane Arnold）主编的《情感与外语学习》收集了18位学者的研究成果。这些论文皆以人本主义心理学和以人为本的教育思想为理论基础，对学习

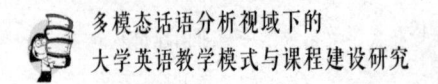

中的情感因素进行了深入而广泛的探讨。

人本主义心理学主张研究人的本质、特征、内在情感、责任、潜在智能、目的、爱好、兴趣等人所经历与体验的一切方面，并关注有益于人类进步的各种主题。人本主义教育的核心观点如下。第一，学校和教师必须把学生看作"人"，尊重学习者。相信学生的本性是好的，是积极向上的，并能最终达到"自我实现"。第二，学习者被视为学习活动的主体，教学和教育都应以学生为中心。尊重学生的个人经验，并创造一切条件和机会促进学生的学习和变化，从而使学生的学习更加深入，进度更快。第三，在学习过程中重视学习者的意愿、情感、需要和价值观，不应只把学习过程看作是学生获得知识、技能和发展智力的过程，还应该使学生注意探究自己的情感，学会正确阐明自己的价值观和态度，发展自己的潜能并争取达到最佳境界，使人格得到健全发展。

为了把学生教育成为能充分发挥作用的人，人本主义心理学家罗杰斯（James Beeland Rogers）主张，教育的目标应该是促进变化、改革和学习。而学习的关键是为有效地应对处于变迁中的科学世界而知道如何学习。变化是确立教育目标的根据，而对这种变化的适应取决于学习过程而不取决于静态的知识。所以，罗杰斯进而明确提出，培养的目标应该使学生成为"学会如何学习的人""学会如何适应变化的人"，从而成为能适应社会要求并"充分发挥作用"的人。

至于教学的着眼点，罗杰斯认为，根据当代世界加速变化的特点，按照他所主张的教育目标和培养目标的要求，教学工作的着眼点应该放在促进学习程度上、促进意义学习上、促进学生自我实现的学习动机上和促进人格的充分发展上。

根据上述原则，罗杰斯建议，在学生学习的过程中教学的基本目的是促使学习者在教师帮助下激发自己高层次的学习动机，充分发展学习者的潜能和积极向上的自我概念、价值观和态度体系，最终把他们培养成为人格充分的人。而要实现这样的教学与教育目的，教师还必须加强对学生的全面了解，深入理解学生的内心世界，设身处地为学生着想，洞察学习者的情感及其变化并信任他们能够充分发挥自己的潜能。教师要以真诚的态度对待学生，重视他们的情感和意见、看法和意愿。教师还要在学生与教师之间及学生与学生之间建立起良好的人际关系，创造一种情感融洽的学习情境。

（六）更多相关语言学理论

笔者还梳理了其他一些经常用来指导英语教学的理论。这些经典理论在不同的时期，不同的教育领域都得到了足够的重视和研究。多媒体形态下的外语教学可以佐证或赋予它们更多、更深刻的含义，能够更科学地阐释多模态话语分析理论下的大学英语教学和学习。

1. 克拉申（S.D.Krashen）的输入假设和情感过滤假说

克拉申[1]总结了人们获得语言知识的两种形式：学习（learning）和习得（acquisition）。学习是一个有意识的过程，学习者通过系统正规地学习语言规则和形式来获得语言知识，而习得属于下意识的过程，学习者关注语言传递的信息和表达的意义而非语言形式，因而可自然而然地学会一种语言。语言习得离不开可理解性语言的输入（comprehensible input），还受"情感过滤"的影响。表2-1对可理解性输入的内涵、理想的可理解输入的特点、影响输入的因素进行了总结。

表2-1　可理解性语言输入[2]

可理解性输入		
内涵	特点	影响因素
"可理解"输入是指语言的编码信息是能被理解的输入，不可理解的输入对于学习者而言是一种噪音	1. 输入是大量的、足够的 2. 输入难度应略高于学习者所处的语言层次和水平。若以"i"表示学习者现有语言水平，"+1"表示略高于学习者现有水平的语言层次，那么最佳的输入应具有"i+1"的特点 3. 输入是有趣的，与学生的生活密切相关的 4. 输入应按非语法程序安排，过多强调语言形式和结构的操练难以促成"习得"	这些因素对语言输入进行过滤，该过滤作用的大小直接影响着学习者接受语言输入的多与少。若学习者学习动机强、焦虑小、自信心强，那么情感对语言输入的过滤作用就小，学习者就能获得大量的语言输入，并内化为语言能力；反之，当学习者没有动机、缺少自信心，情感屏障就会增强，情感对于语言输入的过滤作用就增大，学习者在语言习得过程中获得的语言输入就越少

---

[1] KRASHEN S. Second language acquisition and second language learning [M]. Oxford: Pergamon, 1981.

[2] KRASHEN S. Second language acquisition and second language learning [M]. Oxford: Pergamon, 1981：39.

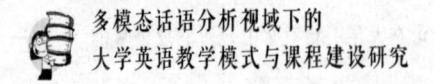

2. 斯温（M.Swain）的输出假设

斯温[①]针对克拉申"可理解性输入假设"的不足，提出了"可理解性输出假设"。该假设认为，虽然语言输入对语言习得很重要，但它不是语言习得的充分条件，学习者必须通过有意义的语言运用才能使自己的目的语达到准确流利的程度，因此，在有足够的语言输入的同时，还必须保证有足够的语言输出。

斯温[②]对可理解输出假设进行了更为明确的论述，认为可理解输出可以从三个方面促进二语习得，即它的三个功能，如表2-2所示。

表2-2 可理解输出的三种功能[③]

可理解输出的功能	内涵
注意/触发功能	语言输出活动促使学习者意识到自身语言表达存在的问题和不足，因此他们会有意识地关注语言输入中的相关信息，发现自身语言表达和目的语形式之间存在差异，从而触发第二语言学习过程中的认知加工过程，生成新的语言知识或者巩固原有的语言知识
假设验证功能	语言输出促使学习者检验自己在学习过程中形成的有关语言形式和语言结构的假设，通过不断地调整自己的语言输出，加强对语言的控制，从而达到语言运用的自动性
元语言反思功能	语言输出活动促使学习者运用已经掌握的知识反思自己的目的语用法，加深对语言的形式、功能和意义三者之间联系的理解，这种元语言活动能够促进学习者对语言知识的控制和内化

3. 隆（M.H.Long）的互动假设

隆[④]对克拉申"只要有足够的输入，输出就会自然出现"的观点提出了质疑，进而提出了二语习得中的互动假设。该假设的基本内容是：在交谈中，

---

① SWAIN M. Communicative competence: some roles of comprehensible input and comprehensible output in its development[A]. In S. Gass & C. Madden (eds.). Input in Second Language Acquisition[C]. Rowley, Mass: Newbury House, 1985.

② SWAIN M. Three functions of output in second language learning [A]. In G. Cook & B. Seidlhofer (eds.). Principles & Practice in Applied Linguistics[C]. Oxford: OUP, 1995.

③ SWAIN M. Three functions of output in second language learning [A]. In . Cook & B. Seidlhofer (eds.). Principles & Practice in Applied Linguistics[C]. Oxford: OUP, 1995.

④ LONG M. H. Nonnative speaker conversation and the negotiation of comprehensible input[J]. Applied Linguistics, 1983（02）: 126-141.

当沟通、理解发生困难时，交谈的双方必须依据对方理解与否的反馈，进行诸如重复、释义、改变语速等语言上的调整，即进行意义协商，调整的结果导致语言输入变得可以理解，从而促进习得。互动假设的核心是语言能力较强的说话人所做的语言互动结构调整，即意义协商基础上的形式协商，意义协商是形式协商的原动力，形式协商是意义协商的衍生体，二者"一体两翼"，共同推进二语习得的发展。图2-2展示了互动假设与二语习得的关系。

以信息交流为主的双向交际 → 交流出现障碍时提供反馈的机会 → 意义协商和交互调整（言语调整）→ 可理解性语言输入 → 促进二语习得

图2-2 互动假设与二语习得的关系

克拉申、斯温和隆从不同角度探究了二语或外语学习者习得语言的方式和条件，对二语习得理论的发展和完善做出了巨大贡献。三人的研究表明，不论是在自然环境还是课堂环境，学习者只有通过大量的可理解输入、输出和交互才能习得一门语言。对于我国大学生而言，课堂仍然是学习英语的主要场所，而学生能否取得较好的习得效果，除了自身的努力，还取决于教师的课堂教学质量。由于教师话语能影响甚至决定课堂教学的成败，所以一个能促进学生语言习得的课堂应该具有以下特点：教师能为学习者提供大量的可理解性的语言输入，学生也有充分运用目标语进行输出的机会；教师关注学生学习过程中的情感因素，努力营造一个轻松愉悦的英语学习环境；教师善于运用合理的反馈方式，对学习者输出的语言进行评价，让学习者意识到自身语言存在的问题，检验形成的关于语言形式和结构的假设，促进学习者对语言的控制和内化，提高学习者语言习得的效果；在交流出现问题时，教师善于采用有效的交互调整策略鼓励学生重新组织语言或提供更多信息，实现师生间的良好互动。

（七）"媒体是人体的延伸"理论

加拿大著名学者、传播学理论家麦克卢汉（M. McLuhan）在《理解媒介：

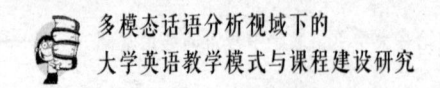

论人的延伸》一书中提出如下论点。①

1. 媒介即信息

人类社会思想、行为等的发展变化，取决于传播媒介的性质，而不是取决于传播的内容。这里的媒介，除指大众传播媒介外，还泛指一般工具或科学技术，如电报、火车、飞机、印刷术等。

2. 媒介是人体的延伸

媒介的第一位功能不在于传播信息，而在于人体某部分的延伸。每一项新的创造，都会引起人类生活或社会结构的变化。拼音字母的视觉分离性曾使原始社会解体，而电子媒体的出现则把人类紧密地联系在一起，使全世界变成一个"地球村"。

3. 传播媒介分类

分凉、热两类。"凉"类指"低清晰度"的延伸人体的传媒，如电视、漫画等，并不充满信息，受传者需要运用较多的想象力或进行补充，才能从符号跳到对实体的认知。"热"类指"高清晰度"的延伸人体的传媒，如报刊、广播、照片等，作用于人的某一感官，充满信息，受传者不需任何想象就可以实现从符号向现实的图景飞跃。所谓清晰度的高低，是指媒介所含信息量的多寡。

"媒体是人体的延伸"理论对媒体的本质进行了精辟的分析，给教育带来了诸多方面的影响。在教学过程中，教学媒介是学习者人体的延伸，扩大和提高了人的感觉和思维能力。比如，无线广播、麦克风等是对学习者听觉的延伸；图片、报刊、实物展示等是对学习者视觉的延伸；电影、视频及多媒体教学工具的使用是对学习者视听觉的延伸。新媒体时代，教师在教学过程中不再单一地用书本进行知识的教授和灌输，可借助各种教学媒介，如投影仪、多媒体、图片、影视短片、视频录像等，调动学生的各种感官协调运作，从而达到提高教学效率和学生学习兴趣的目的。

（八）施拉姆的媒体选择定律

施拉姆公式是被称为传播学之父的美国学者威尔伯·施拉姆（W.Schramm）以经济学"最省力原理"为基础提出的、计算受众选择传

---

① 马歇尔·麦克卢汉. 理解媒介：论人的延伸 [M]. 何道宽，译. 北京：商务印书馆，2000.

播媒介的概率公式，用于表示某种媒介被受众选择的可能性大小：受众对某一媒介的选择概率与受众可能获得的收益与报偿成正比，与受众获得媒介服务的成本或者费力的程度成反比。[1]

"最省力原理"揭示了在人类行为中普遍存在的用最小付出获得最大收益的基本行为准则和选择媒体的最优决策的依据。

媒体的功效是指教学媒体在教学过程中为了达到预期的教学目标，所起作用的大小程度，也就是我们通常所说的媒体在教学中的使用目标。教师在具体的教学过程中要依据教学目标、教学内容、学习者的特点以及教学条件等选择教学媒体。付出的代价越小，可能得到的报酬越大，则媒体的预期选择概率也就越大。依据这一原则，可以充分利用教学媒体提高教学效率。

（九）计算机辅助语言教学（CALL）

计算机辅助语言教学（Computer Assisted Language Learning，以下简称CALL）是指把计算机作为教学媒体进行的教学或学习活动，开始于20世纪60年代，90年代渐渐进入多媒体和网络教学。

学界对CALL的理解是多视角、多层面的。目前得到学界广泛认可的是华沙（M.Warschauer）[2]的观点，他从语言教学理论和心理学发展的视角将CALL大致分为三个阶段：行为主义CALL（Behavioristic CALL）、交际主义CALL（Comunicative CALL）和综合CALL（Integrative CALL）。王琦则根据华沙的观点，结合学习理论的发展和相关技术对CALL进行了阶段划分。[3]

1. 行为主义学习理论及CALL技术

行为主义学习理论认为，学习是学习者对环境刺激所做出的行为反应，而要学生做出合乎需要的行为反应，必须通过强化训练形成刺激—反应之间的相依关系。受行为主义影响而形成的结构主义语言学习观认为，语言学习是一种习惯养成，语言发展被看作是一套行为的习得，重复与模仿是

---

[1] 转引自张亚斌. 远程教学中的媒体选择理论 [J]. 开放教育研究，2006（01）：54-58.

[2] WARSCHAUER M. Computer-Assisted language learning: an introduction[J]. Multimedia Language teaching，1996：3-20.

[3] 王琦. 信息技术环境下的外语教学研究 [M]. 北京：中国社会科学出版社，2006.

掌握语言的最佳途径。这一时期的设备主要以机械训练为主。因此，20世纪六七十年代出现的CALL软件以词汇训练、语法讲解及训练和句型训练为主，旨在使学生可以在计算机上学习语言形式，而且能够不断重复、强化学习内容，其中最具代表的是美国斯坦福大学开发设计的PLATO语言学习系统。在该类CALL中，计算机充当教师的角色，负责为学生提供语言学习材料，给出客观唯一的答案。

2. 认知学习理论及CALL技术

20世纪80年代，随着认知学习理论的兴起以及个人电脑的出现，CALL发生了较大变革。根据认知学习理论，学习不仅仅是对外界的刺激—反应，更是认知主体内部心理与外界刺激相互作用、主动做出的有选择的信息加工过程。受此观点影响，CALL技术也发生了较大的变革，由此形成的交际语言学习观认为，语言学习是有意义的交流过程，语言教学的根本目标是培养学生的交际能力。因此，这一时期出现的CALL软件向交际工具的方向发展，如定速阅读、课文重构、语法检查及交际情景视频等，鼓励学生创造性地运用语言而非操练已建成的句型。在这一阶段，计算机不仅充当教师的角色，还是教与学的辅助工具、刺激手段以及知识载体。学生可以在一定程度上与计算机进行交互，通过思考、选择和归纳等方法掌握语言使用规律，但是，交际性CALL总体上仍是单向式的知识传递和辅导，缺乏人人交互和真实的语言使用环境。

3. 社会学习理论及CALL技术

20世纪90年代，社会学习理论和网络多媒体技术使CALL走向了综合性阶段。社会学习理论认为，学习是个人的认知、行为与环境因素三者及其交互作用的结果。个体认知能力只是构成了学习的内部条件，如不能与他人进行磋商、调整和修正，就无法内化有关的知识。语言学习作为社会认知现象，必须将人的内在机制与外部环境有机融合，以避免费时、低效。因此，这一时期的CALL趋向于将各种技术，如电子邮件、论坛、即时通信软件、互动视频等和语言学习及听、说、读、写等技能训练整合起来，创设真实的语言环境，进行真实的语言交际。学生可以随时随地进入到计算机网络共同学习交流，自主选择学习内容和学习速度。学习以任务与内容为主，而教师则向CALL指导者和语言学习促进者的角色转变。CALL的发展演变既受当时主流学习理论影响，也与当时的计算机技术发展水平相一致，其对应关系如表2-3所示。

表2-3 CALL各发展阶段的理论基础与核心技术对照

发展阶段	行为主义CALL	交际性CALL	综合性CALL
学习理论	行为主义学习理论	认知学习理论	社会学习理论
关键技术	大型机	个人电脑	网络多媒体

CALL于20世纪70年代传入我国，很多学者对其进行过阐释和定义。如桂诗春认为CALL包括以下几个方面：使用计算机手段来帮助学生学习外语；以计算机为中心组织多媒体教学；使用计算机手段来组织测试、计算结果、分析试题、评估学生水平以及建立题库；使用计算机手段来进行应用语言学的研究；以计算机为中心组织整个外语教学的系统工程，使外语教学走向科学化道路。[1] 何高大认为，计算机辅助语言教学是指以计算机为主要媒体来帮助外语教师进行外语教学的活动。[2] 贾国栋认为，CALL是通过对计算机、多媒体、网络等现代信息技术科学、理性、灵活的运用，创造语言学习环境，教授语言知识，训练语言技能，提高表达水平，培养交流策略，从而使学习者有效获得与世界沟通的语言能力。[3]

总之，计算机辅助语言教学发展的历史已经证明了电脑极大地方便了语言的教与学，正如华沙所陈述的电脑的三个作用[4]：它可以是一个导师，提供语言操练和技能练习；可以是一个刺激因素，用于探讨与交流；可以是书写和研究的工具。在21世纪，随着我国计算机技术的发展和互联网的普及，把计算机辅助教学应用到大学英语课堂已成为现代英语教学发展的趋势和必然。

（十）多媒体辅助的外语教学设计

信息时代使得各种外语教学和学习理论不断发展，被赋予了新的意义

---

[1] 桂诗春．关于计算机辅助外语教学的若干问题——在全国计算机辅助语言教学专业委员会上的发言[J]．外语电化教学，1994（04）：3-5．
[2] 何高大．现代语言学与多媒体辅助外语教学（五）[J]．外语电化教学，2000（03）：57-63．
[3] 贾国栋．计算机辅助语言教学：理论与实践[M]．北京：高等教育出版社，2007．
[4] WARSCHAUER M. Computer-Assisted language learning: an introduction[J]. Multimedia Language teaching，1996：3-20．

和功能。以多媒体、互联网、虚拟现实教学系统等技术为核心的信息技术，为外语教学提供了有力的支撑。在这种背景下，外语教学变成了双向甚至是多向的动态过程，教师、学生和媒体有机地结合起来，输入、交互、发现学习、自主学习以及学习评价等原则在教学设计中得以整合、运用，学习效果得到了优化。可以说，多媒体技术的支持使外语教学呈现出开放式、多向性的传播态势。

1. 信息输入的多维化

对外语学习来说，输入是首要环节，而创造一个多维输入的环境是外语学习成功的有力保障。

如图 2-3 所示，借助输入媒体的教学，可以利用信息的多媒体化、集成化和情景化创设语言输入图文并茂的呈现方式，激活学生大脑对语言信息的综合反应，从而"引起相关联想，唤起长期记忆中有关知识经验和表象，使学习者利用自己原有的认知结构中的知识与经验去内化学到的新知识"[①]。多种学习模式的呈现使学习者很容易产生加入活动和学习的愿望，感受学习乐趣。信息技术创造的视听效果和丰富的表现力，使大量集中的外语学习不再枯燥。以上的学习方式既适合与传统教学方式相融合，又可用于网络自主学习。

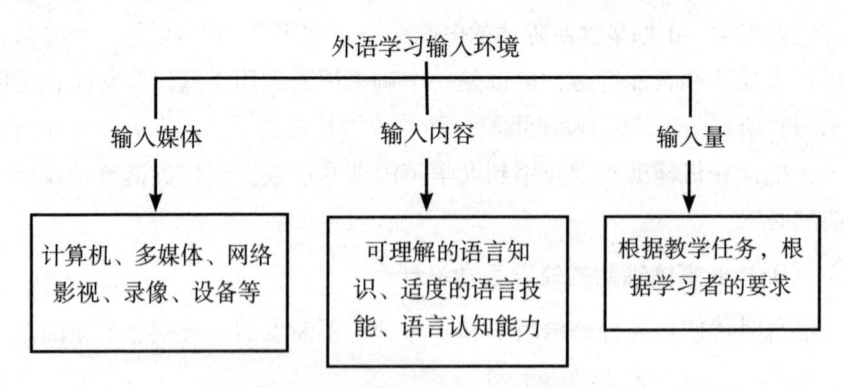

```
                        外语学习输入环境
        ┌───────────────────┼───────────────────┐
     输入媒体              输入内容              输入量
┌──────────────┐    ┌──────────────┐    ┌──────────────┐
│ 计算机、多媒体、网络│    │ 可理解的语言知 │    │ 根据教学任务，根│
│ 影视、录像、设备等 │    │ 识、适度的语言技│    │ 据学习者的要求 │
│              │    │ 能、语言认知能力│    │              │
└──────────────┘    └──────────────┘    └──────────────┘
```

图2-3　外语学习输入环境设计

[①] 王琦. 信息技术环境下的外语教学研究 [M]. 北京：中国社会科学出版社，2006：15.

2. 以学生为中心的外语教学基本特征

亨奇（E.A.Henchey）等学者描述了 21 世纪以学生为中心的外语教学设计，主要观点见表 2-4。

表2-4 以学生为中心的外语教学基本特征

亨奇的观点[①]	其他学者的观点
1. 学生探索	1. 重视知识构建过程
2. 教学中的互动模式	2. 强调概念的关联性及提供多元化呈现形式
3. 真实语言学习空间的延伸和多元化的呈现方式	3. 与学生协商教学目标
4. 教师是引导者和帮助者	4. 把评价作为自我分析的工具
5. 多元化的学习群体	5. 反映真实世界的复杂性
6. 以过程评价为主	6. 要求学生完成真实语境中的学习任务
	7. 能进行基于语境（Context）、项目（Project）、内容（Content）的知识构建
	8. 支持合作式学习
	9. 重视学习者的元认知和学习策略
	10. 创造能够挑战学习者原有知识的学习机会

3. 个别化的学习环境

网络在英语教学中的使用，使不同认知风格的个别化学习成为可能，也是未来外语学习的一大特点。

在个别化学习环境下，学习者根据自己的兴趣、语言水平和任务要求选择学习内容和学习方式。有研究表明，这样的学习可以降低学习者的焦虑。网络的非线性特点使学习者可以从自我需要的愿望出发，"随意"点击，"随心"学习。在个别化的学习中，教师提供个别化的指导，给不同需要的学生开出不同的学习菜单。这不仅有利于学习者情感活动的管理，而且师生间、生生间的讨论和协作能帮助学习者完成较高层次的意义建构。由于网络和多媒体课件可以将学习内容菜单化，学习者只要点击相关内容，就会出现大量的语言材料，供其按照自己的进度操练、练习，归纳出基本的语言规律。

---

① HENCHEY E.A.Vision of learner in the 21st centuiy: vision statement[J].School Net Canada, 1996:3-15

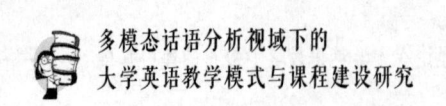

二、多模态话语分析理论在大学英语教学中应用的现实依据

改革开放四十多年来,教育部面向全国多次发起包括基础英语与大学英语在内的多层面英语课程改革,如 2018 年 6 月由教育部、国家语言文字工作委员会发布实施的《中国英语能力等级量表》,通过三个阶段(基础、提高和熟练)、九个等级进行了全面、清晰、翔实的描述和评价,使我国高校非英语专业大学生的英语意识与英语思维有了一定的提高,社会总体外语水平有了大幅度提高。

改革开放以来,我国大学英语课程设置先后经历了五次调整,根据不同历史时期的政治、经济、文化等宏观背景,以及改革开放以来我国大学英语课程的自身特点与逻辑,笔者将其分为四个阶段:复苏调整期(1978—1984 年),稳定发展期(1985—1993 年),加速发展期(1994—2000 年),多元发展期(2001 年至今)。根据互联网与多媒体技术在我国的发展、普及情况,笔者选择了多元发展期(2001 年至今)展开论述。

1. 2001 年至今的宏观背景

进入 21 世纪以来,经济全球化使我国与世界各国交流合作更加密切,我国的国际地位不断提高。2001 年加入世界贸易组织、2008 年举办北京奥运会、2010 年举办上海世博会……均表明我国的综合实力与国际地位不断提升。国家和社会的发展亟须专业素质过硬且英语素养较高的人才,尤其听说能力较强的高素质英语人才,在校大学生为了满足社会需求,学习英语的热情也日益高涨。

互联网与多媒体技术的快速发展为我国大学英语课程改革提供了客观前提和广阔视野,如慕课等线上英语学习方式的出现以及教学模式的多元化、评价方式的对接性变革等。我国大学英语教学进入了多元发展阶段。

2. 2001 年至今的大学英语课程主要内容

2002 年 9 月,教育部召开了探讨"大学英语课程教学改革基本思路"与"大学英语课程教学改革工程草案"的座谈会,所探讨研究的内容涉及多个方面,随后《关于启动大学英语教学改革部分项目的通知》正式印发,主要涉及教学方式,要求重点建立互联网与多媒体教学。

2003 年 2 月,"大学英语教学基本要求"项目组成立,负责制定《大学英语课程教学要求》。2004年1月，教育部印发《大学英语课程教学要求（试行）》（以下称"04要求"）。"04要求"在试行三年后，《大学英语课程教学要求》（以下称"07要求"）正式颁布实施。在大学英语教学改革成果的基础上和《国家中长期教育改革和发展规划纲要（2010—2020年）》《关于全面提高高等教育质量的若干意见》和《国务院办公厅关于深化高等学校创新创业教育改革的实施意见》等一系列要求提高教学质量、制定国家课程标准、培养创新人才的政策背景下，教育部高教司启动了《大学英语教学指南》（以下简称"2020指南"）的制定工作。

（1）课程标准

"04要求""07要求"将原来的基础阶段和提高阶段的教学要求划分为三个层次："一般要求""较高要求""更高要求"。"听"方面要求每分钟分别为130、150、180个词左右；"说"方面在"一般要求"基础上能"使用基本的交谈、会话策略"；"读"方面要求较强阅读能力，每分钟70个词，强调实用性，能"读懂工作、生活中常见的文本材料""可使用有效的阅读策略"。"写"方面的"一般要求""较高要求""更高要求"分别为半小时内能写不少于120、160、200个词的文章[①]。

"2020指南"继承并创新了"07要求"，首先在培养目标、价值理念上继承了"07要求"的"工具性"兼"人文性"，强调在着重提高学生听说读写等英语语言素养的同时也要培养"人文性"，对外国文化有所了解，培养跨文化交际能力。"2020指南"将原有目标更新为"基础目标""提高目标"和"发展目标"。除具体的听力能力提升外，在听力技巧上的要求分别为：基本、较好、恰当；在"说"方面，除具体的交流对话能力提升外，在会话技巧上的要求分别为：基本、较好、恰当；在阅读和写作方面，除具体的阅读与写作能力提升外，在阅读和写作技巧上的要求分别为：基本、较好、恰当。

"2020指南"将课程结构划分为三大类：通用英语课程、专门用途英语课程、跨文化交际课程，分别为必修课、限定选修课和任意选修课，为不同类型、层次、定位、办学水平的学校提供了合理安排校本大学英语课程、

---

① 教育部高等教育司. 大学英语课程教学要求 [M]. 上海：上海外语教育出版社，2007.

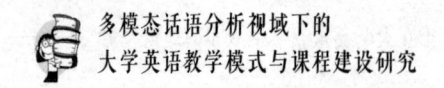

发挥院校特色提供了政策支持。

"2020指南"对"07要求"的创新还体现在评价体系上,提出构建大学英语课程综合评价体系,力图建立一个各高校自主评价体系与第三方评价结合的综合评价体系。"2020指南"取消了"07要求"的附录部分,在某种程度上为高校制定自主特色的教学模式提供了可能。

(2)教材政策

2002年以后,国家未出台直接的大学英语教材相关政策,教材的编写和出版主要是依据"04要求""07要求"。21世纪以来,教育部提出要加快信息技术,整合多媒体。"07要求"中规定各高校推行计算机教学、互联网教学,要发展"立体化教材",打造"整体解决方案"[①]。为了进一步助推大学英语朝立体化迈进,教育部于2003年委托高等教育出版社出版了与教材配套使用的"大学英语"教学软件。

(3)考试政策

随着大学英语四、六级考试政策的不断发展,其通过率成为教育部检查高校大学英语教学质量的依据以及学校申报重点大学、"211"大学的可量化指标。由于外部环境的影响,大学英语四、六级开始出现大面积唯"通过"的应试现象。

在此情况下,2004年全国大学英语四、六级考试委员会颁布《大学英语四、六级考试口语考试大纲》,2005年教育部颁布了《全国大学英语四、六级考试改革方案(试行)》。以上文件在考试内容的比例上有所调动,注重英语听说以及输出能力,具体表现在听力部分由原来的20%增加到35%,试卷题型结构上由选择题向综合性应用题发展,增加了翻译题;同时记分体制由原来的100分改为710分,将以前的合格或不合格证书改为寄成绩单。2006年印发的《大学英语四、六级考试大纲(2006修订版)》对试卷结构进行了调整,加大综合应用题型,减少多项选择题型。调整后的四、六级考试分别于2007年1月、2007年6月正式实施。

2013年,大学英语四、六级考试委员会印发了《关于大学英语四、六级考试题型调整的说明》,对《大学英语四、六级考试大纲(2006修订版)》

---

① 教育部高等教育司. 大学英语课程教学要求 [M]. 上海:上海外语教育出版社,2007.

的题型以及试卷结构做了调整，具体增加了单词及词组听写、长篇阅读、翻译等题型。其中单句汉译英改为段落汉译英，翻译内容涉及中国历史、政治、经济、文化等方面，四级翻译长度和六级翻译长度分别为140～160个汉字、180～200个汉字。

2018年6月1日，《中国英语能力等计量表》（以下称"量表"）正式颁布实施，"量表"以语言的综合应用为导向，将学习者的英语水平从低到高划分为基础、提高和熟练三个阶段，同时设置九个等级。不同的等级分别对应小学、初中、高中、大学、专业英语和高端外语人才等不同的外语水平。

三、多模态话语分析理论在大学英语教学中的应用价值

将多模态话语分析理论应用于大学英语教学中有诸多好处。首先，创建了生动活泼的课堂氛围，快速吸引学生注意力，取得了良好的课堂教学效果；其次，为了满足不同英语基础学生的需求，教师可提供多元条件，使学生能结合自身需求学习；最后，建立了多模态化的生态课堂，从而使教师、学生、教学资料、教学媒介等各因素协同合作、相互补充。具体应用价值如下。

传统的英语教学就是教师掌握完全的课堂主动权，对学生讲授英语知识，学生在英语课堂上扮演被动的角色接受来自教师的英语知识。[1]随着教育改革的不断深入，大学课堂模式已经发生改变，在多模态话语教学理论指导下，大学英语教师对自身教学方式不断改进，应用多媒体技术的现象也不断增加，通过视听方式呈现给学生，能够提高学生在英语课堂上的兴趣与集中注意力，使学生对英语知识有更深入的了解；能够改善传统英语课堂上的师生关系，转而变成合作关系，教师只是扮演引导者的角色，在未知领域和学生一起探讨，加强了教师对学生的管理，还提高了课堂上的效率，营造出新的教学氛围。[2]

---

[1] 谌艳.大学英语教学中多模态话语理论效用分析及构建途径探究[J].湖北开放职业学院学报，2019（08）：185-186.
[2] 肖芳英.多模态交互教学模式下大学英语跨文化交际能力的培养研究[J].智库时代，2019（52）：214-215.

多模态话语教学理论改进了教师的在线英语课堂教学方式，有助于提升学生对英语信息的筛选能力以及处理能力。[①]在线英语教学中最重要的就是师生互动——运用情境教学方式让学生进入到特定的情境中，或者播放相关视频增加师生的互动，能极大地提高学生的兴趣。在大学期间，学生要提升英语成绩，最重要的就是依靠学生的自主学习能力，而在自主学习过程中会遇到各种各样的问题，不一定都能够解决，因此这就对学生的自学能力以及信息处理能力提出了较高的要求。多模态话语教学虽然能够刺激学生的感官，但是对学生的相关能力培养还是需要教师来完成，教师的指引能够使学生自主参与到学习中，但是教师不能参与过多，只能扮演旁观者和指导者的角色。

多模态话语教学理论中的很多非语言因素对学生课堂上的积极性起到了重要的作用，但是这些非语言因素在在线英语课堂中的应用是需要教师对所讲授的内容进行完善与讲解的。教师针对教学目标以及教学内容配置相应的音频与视频等，在这一过程中还要注意关注背景及其内涵，避免出现达不到自身教育目标的情况。其中非语言因素主要包括图片、视频、音乐等，通过这些因素能够激发学生对在线英语课堂的兴趣，增加学生对英语知识的了解，加强学生对英语知识的记忆，从根本上改善传统英语教学的方式，最大程度发挥学生的主动性，真正使学生主动地参与到英语学习中。

高效的学习最重要的因素就是兴趣。在传统课堂上，教师属于管理者，学生受到的约束很多，相较于中小学生而言，大学生具有更大的自由，但长期的传统教学模式造成了学生被动接受的心态养成，英语学习兴趣低，参与意识不强。而多模态话语教学理论就是针对这种情况提出的解决措施，它能够在特定环境下提高学生的主动性，提升学生的兴趣。在各种感官刺激下，学生对未知事物的好奇心会促使他们对英语进行深入的探究，同时教师也可以改善课堂管理方式，增进师生互动和交流。

---

① 肖志华. 大学英语多模态课堂教学实践——评《大学英语多模态课堂教学研究》[J]. 高教探索，2017（02）：131.

第三章　多模态话语在大学英语教学中的协同关系和认知过程分析

随着互联网在大学英语课堂的应用，大学英语教学内容、教学环境、教学资源等各个教学要素已经朝着信息化、个性化和自主化的方向发展，大学英语教学改革也正朝着外语教育现代化方向推进。大学英语教学多模态化成为必然趋势。多模态具有聚集多种模态的共用特征的优势，它可以充分利用现代科技创设出来的各种新媒体来参与交际过程，进行即时传递，也可以使信息全方位地传递。多模态交际在大学英语教学中的应用，提高了教与学的系统性和整体性。然而值得注意的是，在多模态教学模式实施过程中出现的问题主要反映在信息技术与课程整合过程中产生的不协调，比如，一些学校大学英语教学对信息技术的应用只是做做样子，技术与课程的整合流于形式，形成了信息技术高投入而外语教学低成效的强烈反差。又如，在大学英语在线学习模式发展进程中出现了一种现象：过于强调在线技术层面，忽略了英语作为语言的特质；英语语言和其他相关的意义资源未能进行有效整合，各种符号系统，如图像、音乐、颜色等在在线学习模式中所产生的效果过于明显，语言系统在意义交换过程中的作用却受到忽视；在线英语学习者对所学知识、技能的解读趋于片面、表层，降低了在线英语学习的效果。大学英语教师如何利用有限的教学时间，提高自身的话语质量，让教学内容更富有吸引力，帮助学生有效地提高英语应用能力，这正是本书研究的旨归。

基于此，本章深入剖析多模态话语与大学英语教学的协同关系，提出多模态信息认知教学模式，为完善大学英语教学模式的多模态转变，提高英语教师多模态话语质量，促进和提高其教学效果，提供解决问题的依据。

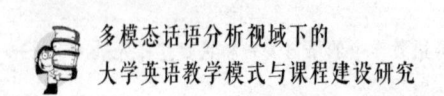

一、大学英语教学中多模态话语各模态之间的协同关系

多模态话语运用多种感觉，如视觉、听觉、触觉等，通过语言交流、图像展示、声音播放、肢体动作等多种手段和符号资源进行交际，还包括交际时的各种媒介及其符号，如声音、语言、动作等。多模态话语使"话语"不再局限于语言和文字两种表达方式，而是由多种方式表达的意义实体。多模态话语可以体现出"话语"更深层次的意义及其复杂性。媒体只是一种载体，只有通过形式表达才能让媒体具备一定的意义。"模态"用两种手段对媒体进行组织和构建：一种是媒介符号被直接赋予某种特定意义，如"红灯停、绿灯行"。这里的红灯、绿灯由媒介与意义组成，所以其用途仅限于指挥交通。另一种手段是语法，它可以为单个符号赋予意义，也可以将多个符号组合起来，赋予这个组合特殊的意义，语法的作用就在于此。

（一）多模态话语视域下大学英语课堂中的教学要素

教学要素具体指的是构成教学系统或活动的元素、单元等英语教学是由教学对象（教师和学习者）、教学内容、教学方法、教学环境、教学评价等多个基本要素构成的。在课堂教学中，教师利用新媒体，将教学内容传授给学生，学生是学习的主体，教师是课堂的主导，各个要素相互影响与制约，使教学具备了特殊的意义。在英语教学过程中，如何利用多模态使课堂要素的功能得到充分的发挥，是教育工作者思考的问题。

1. 教师要素

教学涉及教师的"教"和学习者的"学"两方面，因而教师和学习者这两个教学对象可以说是当代大学英语教学中最为基本的要素。

在具体的教学活动中，教师这一要素必不可少。在新媒体时代，教师依然发挥着至关重要的作用。教师不仅在具体的教学中扮演多元化的角色，同时还应具备很高的素养。

（1）教师的多元角色

教师在当代英语教学中扮演多元角色，具体到教学实施过程，教师是教学的设计者、合作者、开发者和评估者等。

首先，教师是设计者。当代大学英语教师都应按照教学大纲的具体要求，并结合学生的学习情况和实际，设计并制订出培养学生听、说、读、写等技能的计划，例如，词汇量的掌握情况、必听材料的甄选等。通过教师的精心设计，尽量让学生能明确哪一部分的任务要求需要在有效的课堂时间内完成，哪一部分的内容可借助于网络自主学习的方式或在课后进行。这样才能让学习者明确自己努力的方向和目标。同时，英语教师还应对学习者具体的专业需求进行分析，然后提出具体、切实可行的学习任务或方案。换言之，教师应充分考虑学生当前的语言知识水平差异及个体差异。在此基础上针对不同学生的特点，制订出其各阶段相应的学习计划，力求其学习效果最优化。事实上，教师将自己的教学与学生的学习计划有机结合并非易事，需要教师花费很多心思和精力来深入、细致地研究学生的学习风格、知识结构、学习意向和环境等，并确定合理的教学内容和步骤及相应的认知策略等，创造积极有利的学习条件和氛围，最终促成以学生为中心、培养其自主学习能力教学目标的实现。

其次，教师是合作者。在大学英语教学中，教师和学生之间的关系还应逐渐打破传统教学中教师占绝对优势的现状。教师应以合作者的角色同学生共同学习，并确立具有平等、民主特点的师生关系，消除学生同教师交往的心理障碍，确立平等交往的对话关系，以利于相互间的沟通和交流。教师的工作重点也不再是对信息进行分发和传播，其"传统权威"开始逐渐被淡化，师生间的界限也趋向于淡化，教与学的互换变得更加频繁。教师作为教学活动中的合作者还应构建兼具平等、民主、合作特点的教室"文化生态"，创设和谐、融洽的学习氛围，这样才能更有利于学生的自由表达和自主探究性学习，进而形成一种相互尊重、相互影响、共享知识的教学氛围。

再次，教师是开发者。也就是说，教师不仅应按照教学大纲、教学目标及教学内容等选择恰当的媒介，还应在这一过程中对教学资源进行开发、收集和整合，不断地丰富和充实教学资源。

最后，教师是评估者。在当代大学英语教学中，学生还希望教师能够及时、有效地针对其在具体学习过程中的表现进行评估，这也要求大学英语教师充当评估者的角色。教师在具体的教学过程中对学生的评估和判断对学生意义重大，不仅能够让学生对其今后学习中应注意的问题有更加清楚、明确的认识，而且能让学生明确自己的努力方向。教师的评估应力求

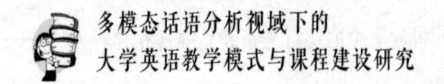

客观、公正，因为学生作为被评估的对象，通常对教师的评价非常敏感。针对这种情况，教师在教学中，应尽可能给予学生积极、正面的评价，给予学生更多的理解和关爱，以免由于评价过低而挫伤学生的积极性。

（2）教师的素养要求

大学英语教师的素养对大学英语教学也起着非常重要的作用。通常，当代大学英语教师应具备以下几方面的素养。

第一，教师要具备系统化的专业知识。具体包括以下几个方面。首先，要求大学英语教师不仅应掌握标准化的英语语音、语调、文学、文化这几方面的内容，同时还应具备足够多的词汇量、扎实的语法修辞和文体方面的知识。其次，应灵活掌握并运用教育学的相关知识，主要包括现代教育思想和理念、教学方法、教学技术及教育理论等。这些内容都是大学英语教师形成现代教育观、教学观、学生观、人才评价观的坚实基础。最后，还应对世界各国的历史地理、社会制度、文化传统、价值观念及政治体制等方面的知识有所了解。

第二，教师要有积极、健康的身心素质。从实质上进行分析，教育本身其实是教师本人良好情感的传递和转化的过程，相应地，就需要大学英语教师具备积极、健康的身心素质，这样才能满怀激情地传递给学习者更加丰富、多元的知识。当代大学英语教师应有热爱教育事业的职业理想和诲人不倦的道德情感，同时应树立为人师表、严于律己的道德形象。只有教师拥有了积极、健康的身心素质，才能引发学生奋发向上的情感，营造轻松、愉快的课堂氛围，也更加有利于帮助学生更好地接受知识、掌握语言技能。同时，教师本身还承担着艰巨的教学、科研及行政管理等任务，健康积极的身心素质和承受能力有利于教师本身抵抗压力，也有利于教师以更充沛的精力更好地投入教育教学活动之中。如此，才能更加有利于大学英语教学目标的实现。

第三，教师要有科研创新的素质。具体而言，科研创新素质要求当代大学英语教师应立足学术前沿，有意识和有目标地对新知识、新理念进行吸收和消化。唯有此，才能真正地形成由"新知"到"新创"的强大的学术更新能力。例如，可从现代语言学、语用学、课堂教育心理学等学科中捕捉最前沿的学术新知识、新成果，经过长时间的积累将这些研究有机整合到教师自身的相关研究和以创造目标为核心的知识结构中。与此同时，教师还应结合自身真切的教学经验和感悟，提炼出独具个性和富有创意的大学英语教学方法及教学风格等。

第四，教师应当具备精湛的教学实践素质。精湛的教学实践素质是当代大学英语教师必须具备的素养，这一素养是大学英语教师借以保证大学英语教学顺利开展和实现其大学英语教学培养目标的重要保障。具体而言，教师精湛的教学实践素质主要体现在以下几个方面。首先，当代的大学英语教师应对大学英语教材体系有足够的认识和充分的掌握，并能准确地理解大学英语教学为何将英语语言知识和应用技能、学习策略、跨文化交际作为主要内容的教学要求。对这些教学目的和重点的明确认识也利于培养学生的英语综合应用能力。其次，大学英语教师要具备精湛的教学实践素质，还应从教学设计与实施、教学评价能力这几方面下功夫，并能将自己所掌握的专业知识、科学文化知识和教育科学知识等与教学有机结合起来，逐步形成独具个性的专业知识结构与能力。大学英语教师必须从自身的教学能力及教学的各环节入手，努力提升其专业技能，对教材和学生的学习情况进行潜心研究，制定与学生相符的教学方案并促其顺利实施。

第五，教师要有熟练操作现代多媒体设备的能力。在高科技得以迅猛发展和多媒体技术得以广泛运用的趋势和背景下，当代大学英语教师应具备熟练操作现代多媒体设备的素质。具体而言，教师可根据现有的教学条件和学生的实际学习需求，拓展多媒体教学空间，充分利用并发挥计算机、互联网及教学软件等的优势，使英语语言知识得到直观、感性的呈现，让学生能够真正地"浸入"英语国家的语言文化氛围中。

大学英语教师还应充分挖掘与学生学习水平相匹配的英语学习网站，引导学生去认识并理解异域文化，以建立合理、开放的认知—理解吸收的英语语言和文化的行为模式和价值取向。此外，当代大学英语教师还可以设计开发与英语教学相关的交互性教学软件，将这些教学软件具体应用于教学实践活动中，为学生营造一个兼具知识性、趣味性和实用性的交际教学模式。大学英语教师只有恰当地运用现代教育技术和手段，才能更好地激活英语言语交际的真实感，从而更好地激发学生的求知欲。

教师处于课堂教学的主导地位，不仅在教学过程中，而且在课前组织

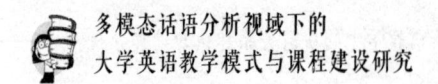

和课下反思中都发挥着重要的作用。教师在语言表达上，除了用口语表达，还用面部表情、声调语气等多模态话语对学生进行教学。话语表达是课堂教学的基本模态，教师的声调、语气、音量、口音等，都会对教学产生影响。在平常的教学中，英语教师的基本要求是发音标准、音量适中、抑扬顿挫、字正腔圆。

  在课堂学习过程中，学生仅使用听觉模态是不行的，还要通过视觉模态帮助理解和强化记忆。一个人的真实情感和情绪都可以在面部表情上得以体现，因此面部表情是师生交流情感的纽带，起着不容忽视的作用。在课堂教学过程中，教师可以用点头、微笑、眼神和学生进行情感的交流，这经常会起着"无声胜有声"的作用，不仅能增进师生之间的感情，还能活跃课堂气氛、增强学生的自信心。同时，身体语言在课堂教学中也起着强调与补充的重要作用，甚至可以替代话语。当学生不能明白教师的讲解时，可以通过教师的一个手势立刻理解所讲之义。另外，教师的着装也会对学生产生影响，过于鲜艳的颜色容易分散学生的注意力。

  高校外语课堂教学主要以视觉模态和听觉模态为主，作为辅助的还有触觉模态、嗅觉模态等模态。因此，教师需要对多种模态进行选择和搭配，策划符合实际教学情况的备课方案，并充分调用多种模态来完成教学信息的获取、处理和传递。首先，教师要对课堂教学的各个阶段设计相应的教学方法。比如，在课堂开始，教师可以播放一段与该堂课相关的视频，引出这节课的教学内容，使学生的注意力自然过渡到课堂上来。课堂结尾结合总结性的PPT课件播放一段舒缓的音乐，使学生放松精神并对整堂课的内容进行总结。其次，教师要学会设计课堂活动。对于高校外语课堂多模态教学来说，组织学生参加课堂活动是提高学生吸收外语知识和培养外语运用能力的有效手段。对于外语课堂活动设计，一般包括体验性活动、语言表达性活动和制作性活动。体验式活动包括角色扮演、影片配音、名人模仿等，体验性的活动可以使学生多感官、全方位地进行外语学习，同时对口语表达能力和语言交际能力进行锻炼。语言表达性活动包括诗歌朗诵、辩论会、演讲等。这些活动不仅可以提高学生对外语知识的理解，还可以使学生在思考中提高对语言的综合运用能力。制作性活动包括对广告、短剧、宣传片等的设计，组织学生以自己的观点出发，运用所学知识进行设计，可以激发学生的学习积极性，并提升其自身的语言运用水平。最后，教师要营造高效的语言氛围，如利用室内光线、墙壁颜色、表情、姿势、着装等，为学生营造一个活泼、高效的课堂学习氛围。

在大学英语教学改革的大背景下，随着网络的发展，教师的角色已从传统的以教为主转变成了学生的引导者、协助者，因此，教师必须转变其对教学结构的认识。教师现有的教学理念须不可避免地加以转化、更新，以支持教改模式的顺利实施，更好地发挥作用。

2. 学习者要素

学习者是诸多教学构成要素中最有影响力的要素。在具体的英语教学实践中，学习者主要扮演着合作者、参与者、反馈者这几种重要的角色。

首先，学习者是教学活动的合作者。英语课堂教学活动的开展离不开教师与学生、学生与学生之间的密切配合，因而学生应与其他成员积极合作，并在合作过程中相互学习、相互帮助、彼此促进以实现共同提高。

其次，学习者是教学实践的参与者。学习者还是英语教学的主人，在英语教学中应以积极主动的姿态参与到各项具体的教学实践活动中，积极思考、勤于表达，并在活动中充分展示自己的才能，提高自己的沟通、理解、协调能力。

最后，学习者是教学效果的反馈者。在英语教学中，学生对教学的反馈是教师教学的重要依据，可以帮助教师及时纠正和调整教学思路与措施。因此，学生应与教师及时、真诚地交流自己的学习感受，就教学法的实用性向教师提出建议或意见，以此促进英语教学。

对于学习者的个体差异来说，教育以培养人为其根本目的，教师应根据学生的个体差异选择适合的教学材料和方法，制订相应的教学计划。因此，教师从以下方面掌握学生生理、心理发展的规律和个体差异对教学实践而言意义重大。

首先是智力因素。智力具体指的是认知方面的能力，它是高度的观察力、注意力、记忆力、抽象逻辑思维能力和想象力的总和，也是进行抽象思维、解决问题和学习的能力。国内外的学者对智力的分类可谓见仁见智，其中加德纳（M.Gardner）的多元智力理论最大限度地迎合了不同文化背景下学习者的需求，并且得到了人们的广泛认可。根据加德纳的观点，"智力"

具体指的是特定文化背景下的一种解决问题或制作产品的能力。人的智力水平通常同英语学习存在一定的关系，它不仅能够很好地预示一个语言学习者能取得何等程度的成功，并且在具体的英语学习过程中，智力对词汇、语法、阅读、写作都会产生很大的影响，但是对听力、口语这两个方面的学习的影响相对要小一些。因此，当代大学英语教师应对学生在智力因素上的差别尤加注意，避免教学过程中的千篇一律，应为不同的学生分配不同的学习任务，并提出与之相契合的学习要求。与此同时，大学英语教师不能绝对地运用智力差别的标准对学生的口语能力进行衡量。

其次是语言潜能。语言潜能其实是一种相对比较稳定的天资，它具体指的是学习外语所需的认知素质或学习外语的能力倾向。通过对学习者的语言潜能进行分析能够预测其学习外语的潜在能力。根据卡罗尔（Carol Dweck）的观点，外语学习的能力主要包括以下四个方面：归纳性语言学习能力，具体指的是有关语言材料的组织和操作；联想记忆能力，具体指的是关于新材料的吸收和同化；语法敏感性，具体指的是从语言材料中对语言规则进行推断的能力；语音编码解码能力，具体指的是关于输入处理的能力。不同的学习者通常会在语言潜能上存在着明显的个体差异。作为当代大学英语教师，应努力了解学生的语言潜能，使学生针对不同的学习任务在不同场合发挥各自的长处，以实现教学效果的最优化。

最后是认知风格。认知风格具体指的是个体在认知过程中所表现出来的习惯化的行为模式。更进一步说，就是在进行接收、储存、转化、提取和使用等信息加工过程中所表现出来的认知组织和认知功能方面一贯的风格。不同的学习者通常具有不同的认知风格，并且不同类型的认知风格往往也有着不同的优势和不足，没有绝对完美的认知风格。同时，认知风格和学习者的成绩之间也不存在必然的联系。认知风格通常会对教学活动产生相应的影响，具体表现在以下两个方面。其一，认知风格会影响到学习者的学习策略和教师教学策略的选择。其二，当学生的认知风格和教师的教学风格、学习环境中的其他因素相吻合时，学生的学习成绩会更好。因而，为了使教学活动得以有效开展，教师不仅应充分了解和尊重学生不同的认知类型，而且教师还应将自己的教学特点同学生的认知特点有机结合起来，结合不同的学习任务、学习环境因材施教，妥善引导，优化教学效果。

在课堂教学中，学生是多模态教学课堂的重要组成部分，学生在学习过程中应主动探寻未知世界进行知识建构。在多模态课堂教学中，学生应积极调动自身的感官，主动接收通过视觉、听觉、触觉等获得的信息，主动建构自己的知识体系并及时与教师进行沟通。学生通过听、说、模仿等练习提高口语能力和听力。想要说一口地道的英语，必须通过大声读书和模仿练习才能实现，这种练习属于听觉模态符号。学生回答教师的提问，表明学生能够积极参与课堂学习。多模态课堂教学中这种学生的行为反馈，是教师对课堂教学进行把握的关键。师生之间的眼神交流，具有一定的传递作用。如果教师从学生的眼神中看到的是崇拜和激动，那么会觉得这堂课的教学是成功的，是有意义的。如果教师看到学生不愿意与自己进行眼神交流，学生无精打采、昏昏欲睡，教师就会认为自己的教学是失败的，需要反省自己的教学方法，调动一切有利因素提高学生的积极性。

学生在课堂学习中主要以教师传授和自主学习两种方式进行知识的获取。首先，学生要理解教师展示的各种模态符号，能够理解图像、声音、文字、动作等模态的内容及含义，明确各种模态之间的相互配合的关系，并积极配合教师，完成教师与学生之间的互动。其次，学生在课堂中要提高自主学习的意识，改变传统的、一味接受的学习方式，根据教师对课堂多模态化的安排对自己的课堂学习计划进行调整，以适应教师的课堂教学进度和方式。课前对课堂各种多模态教学内容进行准备，如各种活动的服饰、演讲稿、短剧策划方案等。课中积极参与教师组织的各种活动，并多与其他学生进行交流，在课堂学习和活动的过程中，共享自己的资源，相互支持，尽可能地将自己的任务完成得到位、完美。课后要对该堂课进行总结，以各种模态符号为主要因素，对自己的学习成果进行总结和检验，以明确自身实际情况和对各种模态的适应程度，提高学习效率。

在多模态课堂教学过程中，一些话语的意义需要通过非语言因素体现。这不仅要求教师注意语言语气、手势体态，还要求学生对教师的教学内容做出反馈行为，用语言或眼神与教师进行交流。这样既可以促进教师改进教学方法，又可以构建和谐课堂，实现多模态教学的最佳效果。

3. 教学内容要素

教学内容就是我们通常所说的"课程"。英语学科的教学内容要素可以说是当代英语教学活动中最具有实质性特点的要素。该要素包含国家规定的具体教学计划、教学大纲和教科书的总称等三项内容。这一要素对学习者在具体的教学实践活动中所应掌握的语言知识、语言技能体系及思想政治方向都有明确的规定。正因为有了对教学内容这一基本要素的明确规定，英语教学活动才具有了自身特殊性的对象。教学内容具体指的是学校培养学生在德、智、体等方面都能得以发展的基本活动内容，同时也是学校实现其教育目的和培养合格人才的重要保证，更是学习者实现其各项素质全方位发展的非常重要的条件。

在实际教学中，教学内容是指为了实现教学目标，要求学习者系统学习的知识、技能和行为规范的总和。在多模态教学中，教学内容的传播主要以视觉模态和听觉模态为主。视觉模态符号由书面语言和与教学相关的图片等组成。随着计算机技术的发展，多模态教学中大多会用到PPT。教师在制作PPT时，要充分考虑到字体、背景、色彩、图片等因素，使PPT课件发挥最大的作用。

在情境教学中，实物展示最利于学生单词的识记及内容的联想；图片是对文字最重要的补充，有时一张图片比一段话更加形象和直接；而视频是对图片的补充，它能更加生动形象地实现教学目标，有利于活跃气氛，加深学生的理解。当然，过于繁杂的教学模态可能会影响到教学效果。听觉模态符号由教师的讲述、录音的播放、学生的发言和讨论等组成。教师字正腔圆地讲述，能够得到学生更多的关注，使学生了解更多相关的知识；同学的发言和谈论也会激发学生学习的主动性，促进学生之间的知识和情感交流，发散思维学习英语。音频材料在英语教学中使用得比较广泛，学生通过长期的、大量的听和练，才能提高听力水平和口语水平。要选择合适本阶段学生学习的音频资料进行练习，太容易的达不到提高的效果，太难的又会打击学生的自信心。

同时，外语教师需要加强信息以及与教学能力相匹配的素养。要学会如何从浩瀚的"网海"中选择对教学有用的资源，并且要学会重组选好的资源；教师要学会充分利用网络平台灵活展现教学内容；教师要学会设计好虚拟化的外语学习环境；教师要学会设计、组织以及评价学生任务。

4. 教学环境要素

教学环境指的是一些同教学相关、对教学产生影响并且通过教学影响学习者和教师的各要素的总体。教学环境要素也具有复杂、多样的特点。

校园教学环境是由多种多样的要素组成的，具有综合性特点的环境。如果从更广阔的范围进行考虑，可以扩展到教学社会环境。如果从更微观的角度进行分析，又可具体到班级或课堂教学环境。任何类型的教学都需要在特定的时空条件下即教学环境中进行，因而充分重视教学环境这一要素也能为教学活动提供良好的外部空间。良好的教学环境不仅能帮助教师有效地加工语言输入材料，科学地设计语言练习，创设良好的课堂英语使用环境，同时还有利于教师在不断学习和实践中探索优化课堂教学环境的策略，达到教学相长。因而，营造设备先进与和谐、民主的教学环境非常必要和关键。

计算机和互联网的发展让教学环境呈现多元化，为多模态教学提供了技术基础。多模态教学是多种模态协同合作，在英语教学中使用的多媒体教学平台、语音教学平台及网络互动平台是多模态英语教学的辅助手段。使用此教学方式能够使学生身临其境地享受英语教学，激发学生的学习热情，达到最佳的学习效果。

教学过程是指教学活动的开展，是教师在已有硬件资源的基础上，结合学生特点，借助一定的教学条件，指导学生通过认识教学内容，并在此基础上得到身心发展的过程。在英语教学中，各种模态相互协同发生作用，有教师的口语表达、学生之间的问题讨论，还有通过PPT展现的图片、文字、动画等。

随着互联网时代的到来，对于学生而言，网络技术是其重要的认知工具以及学习平台，学生应该首先掌握多媒体以及网络技术，培养自己收集以及处理信息的能力。学生不但需要具有驾轻就熟地进入网站浏览相关网页以及下载相关资源的能力，还需具有在浩瀚的网海里甄选有用信息的能力。只有这样，他们才是真正有效的学习者。

5. 教学评估要素

教学评估具体指的是对教学工作的质量所进行的分析、检查、测量及评定等。英语教学中有了教学评估这一要素才能使教学更加系统和完整。具体而言，教学评估是以参与教学活动的教师、学习者、教学目标、教学内容、教学方法、教学设备、教学场地、教学时间等诸多要素的有机组合的过程、结果作为评价对象的，同时也是对完整的教学活动的整体功能所进行的评估。

　　具体而言，教学评估包括针对学生的学业成绩进行的评估、针对教师的教学质量和课程进行的评估等。总之，教学评估不仅是一种具有目的性和计划性的实践活动，还是确保教学目的得以实现的一种非常重要的手段。应充分重视教学评估要素在英语教学中所发挥的作用，它不仅仅代表着一个教学活动阶段的结束，同时也是下一教学活动开始的重要标志。因而可以说，缺少教学评估要素的英语教学是一种不完整、不系统的教学。

　　教学多模态评估不仅是高校外语课堂多模态教学的重要组成部分，也是提高课堂教学质量的有效手段。要构建高校外语课堂教学多模态评估体系，除了对教学内容中的单一语言文本进行评估，还要注重图像、音频、视频、三维立体动画等符号元素在课堂教学中的作用。合理的多模态运用可以提高外语课堂教学的质量，如果不合理，就会对课堂教学效率产生削弱作用，因此，制定一套包含多模态使用手段的课堂教学评估体系是构建外语课堂多模态教学模式的必要途径。与此同时，教师和学生需要对课堂中多模态的运用进行评估和自评，课堂中各种模态的配合是否得当、模态与设计信息是否匹配、设计是否易于操作并符合多模态课堂构建原则，都需要教师和学生进行评估，通过评估可以帮助教师发现问题并解决问题，从而促使多模态在高校外语课堂教学中的运用越来越成熟。

（二）多模态话语在大学英语课堂教学中的协同关系

1. 大学英语多模态课堂的教学过程

　　张德禄和张淑杰根据功能对教学过程进行分段分析，建立了可以为教师提供参考的基于模态的英语教学语类结构。[1] 其中，有七个阶段是必选因素，六个阶段是可选因素，两个因素的顺序可以根据所教内容安排。[2] 基于多模态的英语教学语类结构可以总结为：开始—教学目标—（学习要求）—（过渡阶段／复习阶段）—导入—文化背景—课文内容—语言讲解（语言

---

[1] 张德禄，张淑杰. 多模态性外语教材编写原则探索 [J]. 外语界，2010（05）：26-33.
[2] 张德禄，丁肇芬. 外语教学多模态选择框架探索 [J]. 外语界，2013（03）：39-46, 56.

相关的活动、情境相关的活动、学生自学）—主题类总结—语言类总结—作业（作业相关的活动）—评价。此外，还对修改版的布鲁姆教学目标分类法进行分析，总结教师在每一个分目标下的最佳角色。[①]

2. 大学英语多模态课堂中的角色建模

角色建模是指从社会协作角度分析一个角色模型内的角色交互，定义承担这些角色的实体应具备的任务和能力，目的是建立完整的角色描述。建模侧重于一个对象在系统中的位置和责任及与其他角色的行为交互。角色建模语言里的两个最基本角色是人角色和非人角色。课堂环境下的人角色指的是教师和学生；非人角色指的是课本、黑板、音频、视频等多媒体。教师角色是行为发起者，学生、视频、音频、课本、黑板等角色是行为引发者。教师角色策划、设计、组织实验、反思教学活动、实施教学理念，学生和上述非人角色对教师行为做出回应，形成互动。

3. 大学英语多模态课堂教学的环境

大学英语是一门公共课，也是一门必修课，几乎每个年级的学生都学习英语课程。在科技还不发达的20世纪，大学英语课程大多采用单模态的教学方式，不具备真实的语境。随着科学技术的进步，新技术在教育中的广泛应用，大学英语的课堂呈现多模态化。口语、文字和图片的结合，音频和视频的适当选用，让学生通过视觉、听觉等感官体验，有一种身临其境的感觉。多模态化英语教学能最大限度地培养人才，满足社会发展的需要。

大学英语课堂多模态环境由媒体、模式构建而成。学生是媒体服务的对象，是课堂信息的接受者，课堂上主要采用视觉、听觉、触觉三种模态。在多模态大学英语课堂上，学生与学生之间传递信息，学生也反馈信息给教师，通过口头表达、书面表达、肢体动作等方式进行信息传递与反馈。

4. 多模态在大学英语课堂中的协同建构

21世纪的大学英语课堂不是语言模态教学，而是多种模态协同完成的教学模式，包括口语、文字、图片、音频、视频、动画等。不同的符号系统在适当的语境中表达出交际者的目的，但是系统符号不会独立表达交际者的目的，而是和其他模态符号共同完成交际者的目的。从模态的角度讲，

[①] 张德禄. 多模态外语教学的设计与模态调用初探[J]. 中国外语，2010（07）：48-53，75.

课堂教学涉及多种模态的配合。第一是口头模态，表现为教师和学生的口头对话和交流；第二是以PPT为载体的模态组合，包括图像、文字、录像和声音等；第三是教师和学生在教室内的活动；第四是教师和学生的手势和身势动作；第五是教师的面部表情；第六是教室的空间布局及周围的相关事物。

课堂布局属于视觉模态的范畴，确定了教学的环境，也确定了老师和学生的权位关系和角色。黑板、幻灯片是学生的视觉对象，讲桌和讲台象征着教师的权威和职责，也是教师教学的主要工具。

课堂教学中以听觉模态为主。教学的过程实际上就是口头交际的过程，视觉模态只是为课堂教学提供了背景信息，起辅助和强化听觉模态的作用。

在课堂教学中，教师的话语占整个话语量的60%至80%，占主导地位。学生接受的主要信息来自教师的话语，因此对教师话语的质量有较高的要求：口语表达要准确深刻，要有正确的语法、精准的词汇、字正腔圆的发音及匀速的表达。大学英语要求教师具有很高的英语的口语能力。此外，教师在课上的发音高低、语调和节奏、吐字清晰度，都会影响教学效果。在听觉模态内，各模态之间协同合作，辅助口语模态进行教学。

教师在实际工作中也会使用视觉模态作为话语模态的补充，用图片或动画补充话语模态，用面部表情或手势辅助话语模态进行意义的表达。此外，教师也可以通过亲切的表情、整洁的着装、站姿挺拔和适当的走动等提高教学效率。

教学与一般的交际不同。一般交际时所需的信息难度较小，而且不需要记忆。教学所需的信息难度较大，不仅是信息的传递，还需要记忆，尤其是英语教学，需要学生获得相关的语言能力，注重学习能力的培养。因此教师需要利用口语、图片、音频等工具，对教学内容进行强化，用PPT对所教知识进行补充，尽量达到真实语境的效果。话语交际是双边的，教师只教而学生不学也不能达到教学目的，教师应尽量获得学生的反馈，没有什么比口语交流更能提高英语交际能力的办法了。

5. 多模态话语在大学英语课外教学中的协同关系

随着互联网技术的发展，有许多聊天室和在线访谈服务为学生的口语练习提供了便捷的场所。在这样的环境下，每个学生都能进行课外练习，并以此作为课堂教学的辅助手段。作为教师,可以在固定网站上设置专门的课程站点,也可以导入学生站点,还可以完成授权学生用户、布置作业等任务,以导学方式吸引学生展开学习资源的分享与协作学习项目的创建过程。

教师可以利用 QQ、微信、电子邮件等方式,在线辅导学生学习,及时批改作业,还可以建立 QQ 群、微信群,实现即时的交流与讨论。有时候,课堂讨论并没有线上讨论那么激烈,一方面是学生思考周期的原因;另一方面是因为有些学生性格比较腼腆,而有的学生碍于情面不好意思当面批评别人。另外,课堂时间有限,用于讨论的时间更有限,不可能进行深度讨论。但这些问题都可以通过教师的教学平台得到解决。教师以匿名的方式将学生作业上传到教学平台,并让学生以匿名的方式对这些作业提出意见或建议。这样做会得到更加激烈的讨论,进而提高知识的传播度和理解度。经过这种课上课下的学习与讨论,可以增强学生的学习兴趣,提高学习效果。

随着科技的发展,先进的教学手段必将伴随先进的教育理念,并服务于先进教育理念。如果使用了先进的教学手段,却沿用老旧的教学理念,那么只能是从"人灌知识"到"机灌知识"的改变,在同一水平徘徊。多媒体教学是促进教育理念更新的关键,对此多数教师都深有体会。一些网站还可以提供页面流量统计与分析的功能,这些功能有助于教师了解有多少学生参与线上协作学习,有哪些学生对哪些栏目感兴趣,有利于教师对协作学习进行更加客观的评价。

(三)多模态在大学英语课堂中的协同原则

1. 大学英语课堂教学多模态选择原则

将多模态运用到语言的教学中,即在语言学习过程中将学习者的眼、耳、手、口等都调动起来,使得抽象、单一的语言学习内容转变成为形象、多样、生动的动感内容。作为一种教学理论,它主张利用网络、图片、角色扮演等多种渠道、多种教学手段来调动学生的多种感官协同运作参与语言学习,强调培养学生的多元读写能力。虽然多模态的教学方式可以为英语教学注入活力,活跃课堂气氛,但是在具体的教学操作过程中,采用多模态的教学方法要遵循必要的原则以突出知识点,帮助学生记忆和提高学习成效。

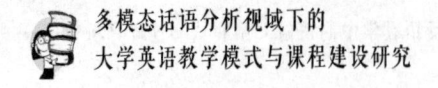

在多模态话语交际框架下，对模态的选择可以从三个原则进行考虑：有效原则、适配原则、经济原则。

（1）有效原则

有效原则是指选择任何一个模态都要以取得更好的教学效果为前提，避免无效使用某个模态，或者其所产生的负效应等于或者大于正效应。多模态在教学中的应用有助于加强学生的记忆。但是，不考虑教学效果甚至于分散学生注意力的无效模态的组合并用是毫无意义的。有效原则又包括工具原则和引发原则。工具原则是指在教学中，某种模态为教学主程序提供便利，如提供真实语境等。利用多媒体技术可以为师生的教与学提供尽可能真实的语境。例如，利用从真实交际场景中得到的录像材料作为外语教学的学习材料，让学生了解和认识真实语境的实际情况，使获得的语境知识更加具体；或者通过网络视频，让学生与英语国家同龄人进行视频谈话交流；或者提供真实的语境图片、文字等帮助学生了解真实的交际环境等。

多模态交际可以让学生从多方面获得信息，比使用单模态话语更容易让学生理解和记忆。引发原则是说现代技术还可以从内部提供动力，使学生从内心愿意从事这种活动，把外因转化为内因。例如，通过提供鲜艳、新奇的图片，特殊的物体，有趣的简笔画，艺术字等吸引学生注意力从而激发学生的学习兴趣。

（2）适配原则

适配原则是指选择不同的模态时，要考虑不同模态之间的相互配合，以获得最佳搭配为标准。例如，口头讲解和对话练习都是有效的方法，如果学生在对话练习的过程中老师要做口头讲解，则会影响学生对话练习对语言应用能力的培养，产生不了应有的效果。适配原则的次级原则包括抽象具体原则、强化原则、协调原则、前景背景原则。

抽象具体原则是指在外语教学过程中遇到抽象、晦涩难以理解或陌生的知识时，教师可以通过选择其他模态方式来提供具体信息，从而使学生能更清楚地理解教学内容。比如，以英语教学的语音教学为例。教师在教授语音知识时，给学生口头介绍音标的发音规则时，学生所获取的知识是抽象的。如果教师借助声音、口型、发音图等展示具体的发音则将抽象的发音方法变得形象化、具体化和直观化，学生也能直观形象地了解和把握音标发音的基本要领。

强化原则指在教学中利用多种模态强化学生对语言知识的理解。比如，在教学过程中呈现文化背景时，可以采用PPT、视频等方式来代替单纯的教师口述的方式给学生进行呈现。以教师介绍圣诞节的文化为例，教师可以首先以口述的方式介绍圣诞节的由来和庆祝方式。同时，教师可以展示代表圣诞节的标志如圣诞树、圣诞老人、圣诞礼物等图片或动画。如果条件允许的话还可以借助影视媒体，播放以圣诞为主题的电影。文字与口头描述再配以图片和电影的强化，使得学生对语言知识的理解变得更为深刻。

协调原则是指利用多模态之间的协调性还原人类社会交际的本来面目，即由一种媒体不能独自完成的交际任务可以由其他媒体来补充。该原则强调模态之间的协调性而非过度使用其他模态方式，模态的选择应该建立在教学的需求之上。各个模态之间相互结合、协调运作而非任意结合、相互抵消与排斥。例如在写作教学中，如果教师利用PPT在授课过程中穿插过多的动画、图片甚至于播放音乐则会弱化教学重点，分散学生的注意力。

前景背景原则是指在外语教学中，语言交际都处在前景中，即为主要模态，而其他模态则提供背景。比如，在英语视听说课程中，处于前景的是观看电影之前有关电影背景、人物以及情节的相关介绍以及电影观看完成后进行的主题讨论等；电影的播放则被背景化了，起辅助作用。

（3）经济原则

经济原则是指由于教学模态的选择是在最优化和最简单化的矛盾之中进行的，这里所讲的最简单化是从经济的角度讲，模态的选择越简单越好。由于多媒体等现代化技术设备的应用可以提高教学的效率与效果，虽然它们价格昂贵、设置复杂，但是依然是很多教师首选的教学媒体。因此为了最大限度地表达说话人的意义，达到最佳的教学效果，教师在选择多媒体技术作为教学媒体时也应该本着简单经济的原则。因此，教师在模态选择时也可以考虑使用图片、贴画、彩卡等其他媒介方式增强教学效果。

2. 大学英语课堂教学多模态协同原则

多模态课堂使英语教学重新拥有活力，教学模式的多元化使英语课堂不再呆板，而是充满生机，在选择多模态方式教学时，不是越多越好，而是要根据课程内容选择合适的模态进行教学，才能取得良好的效果。从这

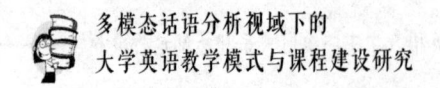

个意义上说，多模态就像一把双刃剑，合理使用它就会增强教学效果，提高学习效率；反之，就会影响学生的注意力，对识记能力产生影响。所以，教师在教学时要对各种模态择优选择，还要处理好各模态之间的协同关系。

（1）多模态话语的有效性原则

在课堂教学中多模态内容的选择要注意部分与整体的关系、前景与后景的关系及强化关系。教师先选择一种媒体来提供具体信息，然后通过PPT、图片等模态强化知识点的识记。通过这种模态间的协同进行课堂教学，实现教学目标。在整个教学过程中，前景是语言交际，其他模态为语言交际提供背景支持。形象、生动的图片，优美、激昂的音乐及幽默的动画，可以提高学生的学习兴趣，集中他们的注意力。例如，某节课上，教师需要播放英文电影片段进行辅助教学。在此之前，教师对该片的主要内容、人物关系及文化背景都会简单地介绍一下，提前在学生大脑中形成图式知识，学生在观看影片的过程中才更容易接受新知识。多媒体只是教师教学的一种方式，并不能完全替代教师的教学，所以学生应该充分整合教师的语言、手势及教学工具所呈现的多模态形式。总之，各种模态的教学方式最终都是为教学服务的，是教学内容的辅助手段。

（2）多模态话语的交互性原则

和谐的多媒体大学英语课堂，涉及教师、学生和多媒体之间的关系。目前，大多数英语教师在课堂教学中都会使用多媒体，用幻灯片代替黑板，把文本数字化，用多模态方式进行教学。这里的文本不光指文字，还配有图片、声音等，能够充分引起学生学习英语的兴趣，同时也给教师的教学带来了难度。过于花哨的PPT会吸引学生把注意力放在其他方面，让师生间的互动产生困难。师生之间的互动是多模态课堂产生效果的前提。在多模态课堂中，学生只有积极地参与话题讨论，才能有更多的练习机会，获得成功的体验。在设计PPT课件时，要考虑到师生的互动，为学生留出充分考虑问题的时间。与此同时，可以让学生参与到PPT课件的设计中，让学生更加充分地体验到多模态课堂的益处，使多模态话语发挥优势。

（3）多模态话语的遣配性原则

在教学中模态教学的选择，应该以模态之间能够成为最佳搭配及产生最佳效果为标准。比如，在单独使用三种模态之一时，都会产生正效应，但是将三种模态组合在一起后，并不能互相配合产生更大的作用；相反，会降低应有的效应。例如，在播放动画的时候教师非要进行口头讲解，反而起到了相反的作用。适配性原则还体现在：教师作为专业课程开发的主体，要以研究者的身份进入课堂教学，发现问题，采集数据，运用教学实践经验进行多层次、多角度的分析，使自身的实践和教学内容形成理论上的理解和建构。外语教师还必须了解不同学科、不同场合、不同目的所使用的不同语言文化形态，从而采取不同的传道方式指导和帮助学生。通过言语、视觉、听觉各个模态间的连贯适配，达到教师、学生和多媒体之间的和谐。

二、认知理论与多模态英语教学的整合与同构

美国心理学家卡鲁尔（J.B.Carrol）撰写的《语法翻译法的现代形式》首次提出了认知外语教学法。认知外语教学法是关于在外语教学中发挥学生智力作用，重视对语言规则的理解，着眼于培养实际而又全面地运用语言能力的一种外语教学法体系[1]，重视语言规则的理解和创造性运用，重视听、说、读、写技能的全面发展。

（一）认知外语教学法的学习理论基础

1. 学习实质

认知学习理论认为，学习的基础是学习者内部心理结构的形成或改组，学习的实质是学习内容的内在结构与学习者原有的知识结构相互作用的过程。除此之外，该理论还认为学习者的认知能力将会对语言学习产生重要的影响，它要求学习者不能对所接收的知识进行机械记忆和被动接受，而要对所学的知识进行归纳、理解和概括。总的来说，认知学习理论主张外语是语言习得者"通过认知技能，对语言素材进行分类、分析、归纳、推理而习得的"[2]。

如此看来，语言学习有赖于学习者认知能力的不断进步。认知外语教学法要求教师在教学过程中综合考量学生的生理、心理因素及其发展特点。

---

[1] 张德禄，丁肇芬. 外语教学多模态选择框架探索[J]. 外语界，2013（03）：39-46, 56.
[2] 刘琦，李正刚. 认知外语教学法的学习论基础[J]. 北方经贸，2011（08）：199.

教师对学生当前的认知结构要做到心中有数,明确学生需要构建的知识框架,并根据当前的条件客观、合理地进行教学设计和课程安排。

2. 获得、转化与评价

认知学习理论的代表、美国心理学家布鲁纳提出,学习包含三个几乎同时发生的过程:新知识的获得、知识的转化与评价。

在学习知识的过程中,学习者先要对获得的知识进行加工和整理,将其转变成自己容易接受的知识。这些新知识可能与原有的知识相冲突,但是学习者可以通过自身的调整使新旧知识相融合,最终成为自身知识体系的一部分。掌握了这些知识以后,学习者应把这些死的知识转变为活的知识,将其应用到实践当中,在实践中进一步检验、巩固、内化自己所学到的知识,使这些新知识真正转变为自身的能力。同时,在检验的过程中,还可以对所学知识进行检验,来判定其是否正确和有无价值。

认知外语教学同样可以分为三个阶段:语言的理解、语言能力的培养和语言的运用。这就要求教师需要先筛选合适的语言知识,然后把它们编辑成易懂的内容供学生理解。在传授完这些知识后,教师还要通过一些教学手段将这些知识内化到学生的大脑中,使其成为学生知识结构的一个组成部分。最后,教师要设计一些实践活动,使学生灵活应用这些语言知识,达到熟练的程度。同时,学习者也可以多参加一些社会实践活动,如笔译、口译等活动,在语言学习实践过程中提高自身的水平。

3. 学科知识结构

任何学科的知识都是一种结构性的存在,知识结构本身具有理智发展的效力,这是布鲁纳提出的观点。他认为学习的重点就是要学习这个知识体系的基本结构,只有掌握了该学科的基本结构,学习者才能从根本上掌握这些知识。因此,教师在授课的过程中应当注意把基本概念和基本原理贯穿到教案当中,依照科学的结构来安排教学步骤,这种方式符合学生的认知过程,能够提升学生的记忆能力,提高教学效率,促进学生的学习。[①]

在以往的教学中,经常出现违背学科知识结构的情况。比如,在英语学习中,很多教师主张让学生先学习真实的语言材料,从整体上对要学的

---

① 朱峰. 布鲁纳"发现学习论"对我国教育改革的启示 [J]. 重庆科技学院学报(社会科学版) 2008(06):188-189.

知识进行把握，然后从基础（如语音、语法）进行详细的讲解。这样的授课方式显然是错误的，因为学生如果没有一定的语言基础，他就无法对所学知识有一个全面的理解，很容易对语言知识失去兴趣。正确的做法是，教师对语言内部最基本的语言规则等知识进行讲解，通过有限的语言规则扩充出无限的句子和语篇，这样才符合语言学习的自然规律。

4. 发现学习理论

行为主义认为，"刺激—反应"式的机械学习对学生消化和吸收知识是无益的，也不利于学习者将所学的知识进行应用。所以，在教学过程中，教师不能简单地将知识灌输给学生，应当设法创造合适的教学环境，引导学生发现应学会的知识，这样的教学才会使学生对所学内容印象深刻，提高学生的学习效率。

发现学习理论和传统的听说教学是截然不同的。在传统的听说教学过程中，教师在课前将知识整理好，在课上按照自己的教学步骤进行教学，学生需要做的就是按照老师安排好的教学步骤，机械地、毫无创造性地学习教师已经准备好的知识。在这个过程中，学生的心理结构和认知能力完全被忽视，个体差异性在教学过程中完全没有被体现。发现学习理论则与此不同，它充分重视个体的差异性，懂得每个学生的认知能力和心理结构都是不同的，所以教师在授课中并不为学生提供现成的学习资料，而是让学生充分发挥自己的主观能动性，主动发现语音、语法等规律。

5. 有意义学习理论

有意义学习是指将符号所代表的新知识与学习者认知结构中已有的适当观念建立起非人为的和实质的联系。与有意义学习相反，机械学习是指学习者采用死记硬背的方式，没有充分理解符号所代表的知识，只记住某些无意义的词句或组合。

认知法是一种有意义的学习，这主要体现在两个方面。第一，认知法是在充分了解学生的语言基础前提下进行的教学。这就保证了教学资源的难度适中，既不会使学生因为难度太大而产生厌学心理，也不会因为难度太小而无法提高学习者的语言能力。第二，认知法侧重实际语境的作用。学生们所学的语言知识既要有逻辑意义，又要有实际意义。认知法要求学习者在学习过程中必须理解和把握语言材料，只有在理解语言知识和规则

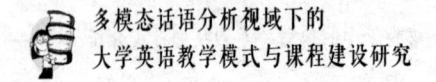

的基础上，才能进行有意义的操练。

6. 学习者中心理论

认知法要求教师以学生为中心。学习者中心理论要求教师在教学中必须重视学生认知能力的发展和身心发展的规律，把学生当作完整的"人"看。教师的作用不再是为学生准备好现成的知识并向其灌输，而是转变成了为学生创造学习的环境和机会，让学生发挥主观能动性、进行自主学习。如果学生在学习中遇到任何困难，教师就去帮助其解决这些困难。

在传统教学过程中，教师是课堂上的权威，每堂课几乎是从头讲到尾，学生在课堂上没有发言的机会。认知教学法则打破了这种授课模式，教师不再是课堂的中心，而是课堂的组织者，真正的核心是学生，他们在教师设计好的语境中灵活地运用语言，也不用再担心犯错误，因为这是语言学习者在认知过程中不可避免的。在这样开放的教学环境下，学生没有了压力，可以更加大胆地练习，迅速地提升了自身的外语水平。

（二）认知语言学理论在大学英语课堂教学中的应用

每一种新的语言学理论都会对教学产生一定的影响，任何一种理论都可以为外语教学提供一个理论平台，并有可能为外语教学提供新的教学模式和教学方法。认知语言学未能对教学产生革命性的影响，但是它对教学具有很大的价值。认知语言学是研究人的思维、想象、记忆、意志等心理活动是怎样对语言产生影响的，它的中心任务是研究人在习得和使用语言过程中的一些规律。学习的过程是人的思维过程，从这一点来讲，认知语言学中总结出的规律对外语教学具有重要的参考价值，同时，通过总结学生在外语教学条件下学习语言的心理认识过程及其活动规律来丰富认知语言学的理论体系。

1. 图式理论在英语教学中的应用

理解的过程就是解码的过程和意义建构的过程。图示理论认为，语言分为语意图示和形式图示。其中，语意图示又可以分为多个小的图示，每个图示都可以被某些单词所激活，因此在学习过程中，学生要调动大脑中的各个小图示，这有助于增强对新信息的理解。这一理论对外语教学有着极大的帮助。

首先，对于阅读教学来说，在理解一篇文章的时候，应先了解它所涉及的文化背景知识，这会对学生理解文章有很大的帮助。学生对文章的背景知识了解得越多，对文章的形式结构预测得越准确，就越能够更好地理解所读的内容。同时，在处理具体的语篇时，学生也可以通过图示对文章进行预测和推理，如学生在阅读过程中可以依据自身的经验去理解自己没有读懂的部分，或者根据自身的知识去设计文章的发展。这样，既可以激发学生的阅读兴趣，又可以增强学生理解文章的能力。

其次，对于听力教学来说，图示理论也具有极大的帮助作用。听力对于广大学生来说是外语学习中的难点。在听力教学中，由于多种原因导致学生没能理解语篇，此时，如果学生能够借助图式知识，许多问题就会迎刃而解，因为学生了解的图式知识越多，就越容易理解，就能更多地推测出没有听懂的地方。这对理解听力语篇、增强学生的外语自信心具有很大的帮助。

最后，图式理论对于语法的讲解也有很大的帮助。传统的语法教学就是让学生死记硬背一些语法的规则，这种机械式学习的效果往往不是很理想。通过图式理论，就可以很容易对一些语法进行合理的解释，学生也可以免受死记硬背之苦。例如，语法教学中不定式和动名词的区分一直是一个难点，借助图式理论对其进行解释就很容易让学生理解。不定式表示某一情景是以个例为出发点被感知的，而动名词表示某一情景被当作一个完整的认知输入而不注重其个例。所以，不定式用于将要发生的具体事例，而动名词用于对事件一般的陈述或用于描述正在进行的动作和心理经历。

2. 表征理论在外语教学中的应用

阅读理解是人类独有的一种认知活动，它不仅包括对一个个句子的理解，更重要的是要将当前加工的信息与先前的背景信息相结合，以形成局部和整体都连贯的心理表征。

表层形式是对阅读文章结构最完整的体现，将词句连贯成篇，并使衔接性和连贯性得以显现。情境模型是表征最持久的水平，它是一种心理表征，源于阅读文章所描述的如同读者所亲身经历的一种情境。在精读课堂教学中很好地利用情境模型理论组织教学，能让学生更容易理解，并且培养学生丰富的想象力和创造力。

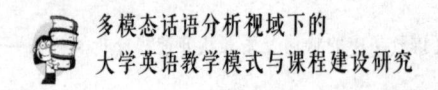

3. 语境理论在外语教学中的应用

语境，是指语言环境，有广义和狭义之分。广义语境泛指一切语言环境，既包括狭义的上下文，又包括语言本身以外的语言环境。狭义语境是指上述的语内语境或词语语境，即人们常说的上下文。

语境对外语阅读教学有着重要的作用。众所周知，语言的理解离不开语境，如果一些单词或句子离开了具体的语境，就不能准确地判断其含义，从而影响对整篇文章的理解。同时，在阅读过程中学生难免会遇到一些生词、难句，如果可以借助语境知识进行推理，有些难点就会迎刃而解，这都是语境带来的好处。

4. 推理理论在外语教学中的应用

在外语教学中，推理理论有着很强大的作用。例如，语法教学中需要学生具有举一反三的推理能力，阅读教学中需要学生进行逻辑推理，听力教学中离不开学生的理解和推理能力。可以说，推理理论贯穿于外语教学的方方面面。

5. 工作记忆理论在教学中的应用

目前，认知心理学把工作记忆解释为某种形式的信息暂时存储并进行加工处理的过程。短时记忆具有如下功能：信息的暂时激活、信息的调控、信息加工容量的限制。需要着重强调的是，在外语教学过程中，工作记忆与语境、图式、表征、推理的作用是同时发挥的，一种作用的实现往往要借助其他几种作用的实施。

6. 隐喻理论在教学中的应用

认知语言学中还有一个重要的理论，即隐喻理论。在这里，隐喻不仅是一种修辞手法，更是一种认知方式。这种理论对外语教学有着极大的参考价值。

首先，在授课过程中，教师适当地运用一些隐喻，可以增强课堂的趣味性，这有利于营造一个适合学生学习的授课环境；其次，隐喻是某些单词一词多义的根源，它可以解释其产生的机制，这对学生掌握单词的不同义项具有极大的帮助；再次，在一些文学作品中，隐喻是一些语言晦涩难懂的根源，只有懂得了从隐喻的角度看待一些文学现象，才能有利于提高学生的文学鉴赏能力；最后，隐喻可以体现出不同民族之间思维方式上的差异，这也是导致语言文化差异的原因。深层次地把握语言上的差距，掌握并运用不同的思维方式，对外语学习具有重要作用。

7. 相似性理论在教学中的应用

认知语言学认为，自然语言与认知现象处于一种可以相互印证的状态，各自可从对方的迹象中反映自身。因此，语言是对客观世界的临摹，语言的规律都能从客观世界中找到依据。

传统的外语教学受语言符号任意性的影响，认为语言和外在的世界没有任何联系，任何语言都是随意选择的结果。这种理念反映在外语教学方法上，就是由于语言和世界与人的思维没有任何联系，所有的语言符号、语言规则都是偶然性的产物，所以教师在授课过程中一味地强调死记硬背，严重地违背了人的认知规律，教学效果往往很差。相似性理论指导的外语教学强调语言符号、客观世界及人的认知中的同构性，通过发现人的认知、外界及语言的同构性来学习语言，这种方法能帮助人们了解语言的成因——语言不再是没有任何逻辑的存在，而是一个有意义、有逻辑的整体。这种学习方法与人类的认知规律相吻合，对学生学习效率的提高大有裨益，对外语学习具有重要的意义。

（三）多模态信息认知教学模式

大脑在学习过程中所起的作用和外部行为背后的意义构建是认知心理学所关注的。认知心理学强调，学习的过程是知识的构建与理解的过程，是构建意义的过程。学习者通过与他人的交际来掌握知识。"构建意义"并不是让学生空想出一个意义，而是让学生在与他人交际的过程中，构建自己所理解的意义。这个过程分为以下三个部分。

第一，在交际过程中，通过视觉、听觉、触觉等多模态方式来获取信息。

第二，大脑通过交际过程获取信息，进行意义构建。大脑需要视、听、触、嗅和味五个模态进行内部与外部信息的互动。这五个模态有各自的子模态。模态的感受器有的是外感受器，负责处理与外部互动时进来的信息；有的是内感受器，负责接收和处理来自身体内部的信息。

第三，学习者通过学习效果的外部行为表现来获取实践能力。顾曰国提出，学习者的实践能力有听、说、读、写、译及体态等。国外的学者提出了一些认知学习理论，如佩维奥（A.U.Paivio）提出了双重编码理论，维特罗克（M.C.Wittrock）提出了生成学习理论，斯威勒（J.Swdlet）提出了认知负荷理论，麦尔(R.Mayer)提出了多媒体学习理论，阿特金森（J.W.Aekinson）提出了协同互动理论。这些理论的提出，能够使学习者更加深入地理解知识，使教师在选择各种模态时具有理论依据。

多模态信息认知教学模式是三位一体的教与学模式，由信息、认知和多模态三者构成，是一个多模态语篇的设计者（教师）和学习者（学生）互动的过程，其指导理论是认知学习理论。21世纪，大学英语课堂由教师、黑板、电脑、投影仪等组成，学生的学习过程是与上述多模态进行和谐互动、构建意义的过程。教师是这个过程的设计者、组织者和信息的传播者。具体而言，该教学模式以多媒体课堂为教学环境，以多模态为教学手段，以信息为教学内容，以认知能力发展为教学目标。换言之，多模态是教学过程中教与学的方法，信息（主要指语篇信息与非语篇信息）是教与学的内容，学生认知能力发展是教与学的目标。

信息是学习内容，是核心，位于上层；认知是对信息的处理和加工，位于信息的下层。这意味着有信息就需要认知处理，认知能力的发展是目标，而信息的处理和认知方式是多模态的。需要注意的是，学生与教师的位置可以互换，学生在某些时候可以替代教师的角色。根据该模式，教师应多模态地教，学生应多模态地学，师生合作进行多模态评估，这种教学理念是多模态信息认知教学模式所独有的。该模式的教学目标是培养学生的信息敏感度，提升学生的认知能力。

多模态信息认知教学模式对教师提出了新的教学要求，要求教师教学从教材权威型、知识获取型转向技能训练型、经历体验和资源发展型认知转变。

第四章　多模态话语分析视域下的
大学英语教学方法实践

世界文化的多元交流要求高校大学英语课程必须与时俱进，才能实现培养复合型人才、得以完成我国高等教育承担着的"培养高级专门人才、发展科学技术文化、促进现代化建设的重要任务"[①]。多模态话语分析理论是随着语言学理论和多媒体技术的快速发展而形成并发展的，随着表达所呈现出的多模态化，传统单模态教学方法已经远远无法满足现代化大学英语教学需求，因此，多模态教学模式这种强调综合运用多种模态以提高英语教学效率的教学模式，势必成为大学英语教学改革的趋势。这种多模态教学模式应按照基本原则综合设计，英语教学模态的选择要坚持最有效果原则、强化原则和激发原则，处理好多种模态的综合运用，提高学生学习兴趣和注意力，切实提高学生的学习效率。

本章重点介绍多模态话语分析视域下的大学英语分层教学法、情境教学法、项目教学法、任务教学法和质疑教学法。

一、分层教学法

英语分层教学法区别于传统的"一刀切"教学模式，这种教学模式突破了统一授课的传统理念，根据学生的学习兴趣、学习能力以及性格特征等分小班进行教学，采取最适合他们的教学模式，真正做到因材施教。

[①] 杨德广. 高等教育学概论 [M]. 上海：华东师范大学出版社，2010：51.

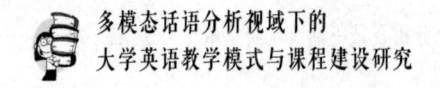

（一）分层教学的概念

分层教学法是指按照学生现有的知识水平、能力和潜力，把学生分配到和各自的水平接近的群体，教师对于不同的学生采取差异性教学，在适当的分层策略和相互作用中使这些群体得到最好的发展和提高，达到教学目标的整体落实。所谓分层教学，就是指教师把学生分为几个不同层次并以此展开针对性教学的过程。分层教学在高校英语教学中的实施总共有三种模式：第一是分班教学模式，也就是我们常说的"普通班""快班"和"重点班"，很多人都说这是应试教育的产物，后来也曾受到一些专家学者的批判，目前已不再盛行；第二是走班教学模式，类似于选修课，就是在同一年级中，不同班级的学生按照自身意愿分成若干个等级，重组新班后，再进行集中授课，例如大学英语视听说、商务英语等选修课程；第三是隐形分层模式，即教师以一个自然班为基本单位，综合考量学生的学习能力、智商、情商和性格特征等因素，将他们分为不同的层次，在教学时进行有针对性的指导。

分层教学法得到教师的普遍关注并运用于教育教学实践中，表现出以下特点。

1. 优点

第一，这种教学法区别对待学生，注重学生的个体差异性。第二，教师的教学可以满足不同个性、不同层次学生的学习需求，因材施教，因层施教。第三，分层教学的过程是教师合理利用、优化教育教学资源的过程。第四，有助于激发学生的学习动机与热情，挑战个体内在学习潜力，体验学习成功。第五，有利于教师成长为教育研究者。

2. 缺点

第一，因层施教中"层"的确定缺乏科学性、合理性，难以明确界定，因此往往在具体的实施中，受教师个人影响，使得所确立的基准点单一，分层定位会走向绝对化。第二，分层教学法客观上要求教育教学资源须相对丰富，因此，真实的教育教学场景能否满足教师实施此种教学、能否应对教学要求，是一个需要解决的现实问题。第三，分层教学过程中，势必形成明显的对比，会影响部分学生的自尊心和自信心，造成学习压力大，甚至会引发心理问题，进而影响学生学习的主动性和积极性，降低了学业成就感。

鉴于此，教师在个人的教育教学过程中，要实施分层教学，须冷静客观地看待所处的教育环境中存在的各种问题或潜在的问题，针对教育现实，尽量满足学生个体学习所需，同时要善于捕捉一切"稍纵即逝"的机会来激发学生的学习兴趣，给予学生鼓励，以树立他们学习的自信心，激发求知欲，充分挖掘学生学习的潜能；同时，还要努力调整教学方法，最大限度地避免分层教学的不足，根据学生的现状机动灵活地运用这种教学方法。

（二）分层教学的基本原则

1. 因材施教原则

我国伟大的教育家、思想家、被联合国教科文组织列为十大历史名人之一的孔子，在 2000 多年前就提出了教育应该根据学生个体不同的特点而进行，注重补偏救弊，使每个学生能得到发展。在布鲁姆看来，许多学生之所以在学习中不能取得优异成绩，其根本的原因并非是学习能力欠缺，关键是没有获得合理的帮助和没有适当的教学条件。倘若具有适当的教学条件，那么大多数学生在学习速度、能力和动机方面表现各异，则说明对学生进行分层教学是很有必要的。

2. 个体差异原则

世界上没有两片相同的树叶，人亦如此，个体之间总是存在着不同。学生作为学习的主体，彼此之间的差异体现在先天的遗传中，像智商、体质等，同时这种差异也体现在学生后天生活的环境或所接受的教育中。正是因为存在着先天与后天的差异，往往会影响或决定着学生个体发展的方向、速度和终极发展程度。学生之间不仅存在着认知水平上的差异，也存在着既有知识水平的差异，因此，他们在学习新的知识的过程中，理解和掌握程度是千差万别的，加上个体学习潜能不尽相同，兴趣爱好各异，学生学习的结果也必然各不相同。

3. 教学适切原则

教师在进行分层教学时，须针对学生的不同学习水平进行初步的分层，再针对不同层次进行教学。此外，就某一学习层次的学生而言，又由若干个体组成，每个个体兴趣、需要又各不相同，因此，教师要综合考虑学生个体的身心资质,对每个个体开具的"处方"要建立在与其个人适切又旨在发展的基础上。当然,这种"处方"教学一定要让处于某个学习层次的个体体会到学习的挑战性,以挖掘个体的学习潜能。

4. 发展激励原则

维果茨基(L.S.Vygotsky)的"最近发展区(zone of proximal development)理论"[①]认为,每一个学生在个人的学习发展过程中,都会存在两种水平,即潜在的水平和现在的真实水平,二者之间存在着一定的"距离",这种"距离"(区域)就叫"最近发展区"。因此,教师在开展教学活动过程中,应该在学生的这种学习"距离"上做文章,努力把学生学习的"最近发展区"转化为当下的真实学习水平。同时,教师应该持续不断地帮助学生建构出适合个体状况的更高水平的"最近发展区",只有这样,才能促使学生持续地发展与进步。不可否认的是,这样更高水平的最近发展区的建构,需要教师及时给予学生各种形式的激励,对达不到的学生应施以援助之手,对达到的学生予以肯定。也就是说,在分层教学过程中,教师不但要做到为每个学生创设成功的机会,而且要最大限度地为处于某个学习层次的不同个体创设取得进步的机会,让每一个个体在教学过程中能够将教师的激励转化为自我学习并体验成功愉悦的内驱力。发展激励性原则体现了"以生定教,以生为本"的教育教学理念,面向每一个学生,让学生在学习取得进步的愉快中得到和谐的发展。

5. 动态渐进原则

教师在分层教学过程中,对处于不同学习层次的学生应该实行动态管理,即教学总是按照一定的目标予以推进的,对处于某一层次的学生来说,当他(他们)已经达到了教学目标要求时,教师要及时调整他(他们)所处的学习层次。事实上,处于某一学习层次的不同学生,他们的学习倾向与优势各不相同,教师要针对不同个体分别施以"处方"教学,目的是希望他们能达到预设的教学目标。学生在接受了与自己适切的"处方"后,向更高学习水平层迈进的速度又不尽相同,因此,对于在短时间内难以达到更高层次目标的学生,教师除了给予帮助外,也可降低其所处的学习层

---

① [苏]维果茨基. 维果茨基教育论著选[M]. 余震球,译. 北京:人民教育出版社,2005:2.

次；对于达到了更高层次目标的学生，也应当及时做出学习效果的反馈，以便让他建构个人更高层次的学习目标。当然，学习层次的动态调整不能过于频繁，在某一阶段内，学习层次应该保持相对的稳定性，以维护学生的学习自尊与自信，教师应以学生为本、为基点，动态管理处于各个学习层次的学生，科学推进，使学生不断提升自己的学习水平。

（三）分层教学在大学英语教学中的应用

1. 对教学对象进行分层

分层教学法是如今各种各样的英语教学方法中较新颖的教学方法之一。在高校英语教学当中，这种教学模式不仅能充分激发学生在课堂上的热情，还能够使学生更加个性化。在学生进入高校之后，教师首先要及时了解学生的实际情况，其次要根据各个学生的差异和英语学科水平，对其进行科学而合理的层次划分，进而实施更具针对性的教学方案。例如，第一层次的学生要求英语成绩优秀、学科基础足够扎实，并有很强的自主学习能力；第二层次的学生要求具有比较主动的学习意识和能力，并对英语学科充满兴趣；第三层次的学生与第一、二层次的学生相比，自主性相对较差，学习能力和英语基础水平也不够扎实。教师划分完这些学生的层次后，就可按照他们的实际情况去制订具体的教学计划，并在此基础上，制定出奖惩制度和层次切换方案，当有些学生的英语水平有了较大进步后，就可以考虑将他们调整到上一个层次中去。这样的教学模式不仅能够进一步促进学生的学习热情，还可以有效促进其学习竞争力，促进教学整体水平的提升。

2. 对教学目标进行分层

通常，学习成绩比较优秀的学生对自己的学习都有详细的计划。而那些成绩不是很优秀的学生却没有制订学习计划的意识。因此，英语教师在制订教学计划和目标的时候，要按照学生的实际情况以及教学内容，有针对性地做出详细的教学安排，为学生找到更加准确的学习方向，在此前提下引导他们主动地制订学习计划。比方说，处于第一层次的同学可以制定出拓展性非常强的学习目标，而处于低层次的同学，可以更加注重对基础知识的学习，如音标、句式、语法等知识。在不同的教学目标下，处于不同层次的学生能够向着适合自己的目标努力，并且这些目标通常是容易实

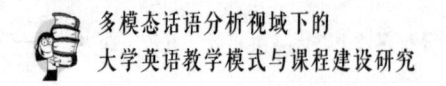

现的，可以有效增强学生对于英语学习的自信心。

3. 对教学内容进行分层

对教学内容进行分层是指在教学中进行学科内容难度上的分层。比如，在涉及的音标、词汇、短语和句式等基础性内容的时候，每个层次的学生都要求做到全面掌握；而一些难度较高的语法内容以及其中的重难点内容，主要要求第一、二层次的学生掌握，而对于第三层次的学生，只要求他们基本了解就可以。除此之外，在进行重难点知识或拓展性较强的知识教学时，就要要求第一层次的学生逐步强化延伸，而要求第二层次的学生基本理解，这样就能为全体同学打下更加坚实的基础。在教学内容分层模式下，所有学生都能取得进步，能够有效提升高校英语教学的整体质量。

4. 对课后作业进行分层

高校英语与其他学科不尽相同，是不能够单纯依靠短暂的课堂时间进行教学的。整堂课结束后，学生虽然也能掌握一些所学知识，但很难做到全面理解和记住所有内容。对于这个问题，英语教师就需要从课后作业入手，对其展开进一步的详细分层课后练习。分层的课后练习就是指按照学生所在的层次进行作业难度区分，主要包括在课后练习的作业数量以及作业完成时间上进行科学合理的区分，筛选出适用于不同层次学生的课后作业练习内容，进一步加深学生对知识点的理解与巩固。

5. 对教学评价进行分层

教学评价是当代教育的基本内容之一。以往的教学中往往采取成绩评价的方法，这种方法会使学生过于看重学习成绩。有些层次的学生即使努力，但成绩依旧不理想，这就会严重打击学生的自信心。分层的教学评价方式是一种动态性的教学评价方式，学习成绩的优劣不再是评价学生优秀与否的唯一标准。因此，教师在教学评价环节中适当进行分层，需要明确评价目标，按照学生的自身实际情况进行评价，对学生加以鼓励，激发他们的主动性。具体来讲，动态性的教学评价方式主要包括两方面：首先，将奖惩制度分层设置，这既能够使评价更加有效，又能高质量地完成教学；其次，要对每一位学生的英语水平进行动态性评价，按照学生的学习成绩进行分层后，要按照一定比例针对成绩有明显进步或退步的学生，在总分的基础上合理加减，比如第二层次的学生进步后，就要将其调整到第一层次去，同理，第二层次学生的成绩退步后，就要将其降到第三层次。

6. 分层教学在高校英语教学中的关键之处

（1）重视学生心理问题

相对于传统的教学模式，分层教学模式无疑是一项挑战，因此，其实施也会面临较大的阻力，其中给学生带来的严重心理问题是不可小觑的。分层教学在高校教学实践中，是要对所有学生进行分层指导的，这就会给部分成绩比较差的学生一定程度的心理暗示，会严重打击他们的自尊心。因此，实施之前，教师一定要做好学生思想上的工作，说明分层教学绝不是不平等对待，而是因材施教，若第三层次的学生未来的学习成绩有进步，是随时都能够将其调整至第一、二层次中去的。

（2）重视教学管理

由于分层教学是一种创新性的教学方法，所以一定要有强大的教学管理队伍作为有力支撑，课程安排方面以及教育资源安排方面都要做到精益求精，更加充分地发挥出分层教学的作用。同时，高校还要对此加以重视与支持，为分层教学模式的实施提供更多可行的方案。

（3）充分利用多媒体技术和网络平台进行课后的分层交流和探讨

信息技术的飞速发展使互联网出现在了学生日常的学习、生活中，极大地方便了学生与老师之间、学生与学生之间的沟通交流。为了及时掌握学生的学习动态，帮助学生尽快解决英语学习中的难点，教师也要与时俱进，与学校联合建立有利于学生学习发展的交流互动平台，方便学生课后学习。教师还可以成立论坛，开通个人微博，或者为所教班级创建微信群和QQ群，将一些学习成绩较好或者在班级有较高影响力和号召力的学生设置为管理员，净化群内学习交流环境。教师在群内给学生布置有趣又有挑战性的学习任务，并监督管理员带领学生共同完成，最后提交报告材料，并讲述整个任务完成过程中的收获，做到资料和经验共享，共同进步。[1] 例如，教师可以要求学生在群里公布自己的生日，并由其余学生在生日时送上用英语编辑的生日祝福语，如果表述有误，教师可以适时进行纠正；或者要求学生每天定时在群里发送一条当天发生的新闻，同样用英语编辑，方便教师

---

[1] 阮彬. 大学英语大班教学中的问题及对策[J]. 湖北科技学院学报，2014（09）：88-89.

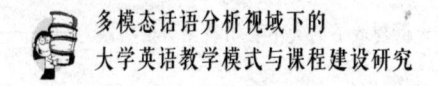

改正句法、句式等错误；或者学生每天在群里发送英文的语音进行交流，或者上传近期用英语写的短文或者学习材料等，这样可以打破传统课堂的局限性，让学生随时随地地进行英语学习，并辅之以专业教师指导，进一步激发学生的学习兴趣。

二、情境教学法

（一）情境教学法的含义及特征

1. 情境教学法的含义

情境教学法是指教师依据课本内容所涉及的场景，借助外界的图片、音乐、视频等多媒体再现课本中的情境，让学生仿佛身临其境，更好地感受、理解文章内涵。例如，在讲授"shopping"这一节课的时候，教师可以先将课堂预设为一个商店，由学生分别扮演导购员和顾客，引导学生结合实际逛商店的经验来模拟商场购物。常见的情境有导购人员介绍商品、顾客讨价还价、优惠促销、退货换货等。教师可以将文章中的重点、难点通过这些场景的模拟展示出来，让学生可以更加深切地感受，从而更加灵活地掌握这些内容。

2. 情境教学法的特征

通过对各类文献的研究，笔者认为情境教学法具有直观形象、情知对称、主动参与和寓教于乐的特征。

（1）直观形象

与传统的讲授型教学方法的抽象性不同，情境教学法给人以直观的形象。这一特征给处于创设情境中的学生带来了直观性认知，这也是学生能积极主动去学习的原因所在。情境教学的全过程都是以学生为中心，根据学生的具体情况以及教学内容创设出特定的教学情境，学生可以在这个情境中直观地看到教学内容，省去了抽象想象的环节，既提高了学习的效率，也加深了学生的印象。

（2）情知对称

情知对称是情境教学法的另一个特征。情境教学法以学生为中心，学生在这种教学模式中除了要投入认知外，还要投入情感，这就与传统教学模式单一的死记硬背有本质的区别。在这种模式下，老师不用提醒学生认真听讲，他们也会全身心投入。在这种模式中，学生们注入了自己的情感体验，并将这种体验与知识内容结合起来。这种注入了情感体验的学习对学生来说是不容易忘记的。情境教学法消除了传统教学法中情感与知识的对立。

（3）主动参与

主动参与的特征贯穿于情境教学模式的每一个环节。学生在情境教学中处于教学主体的地位，需要学生自己去发现问题、解决问题、自主探索、自主思考。此外，情境教学中对于情境的创设是离不开学生的特性的，老师在创设情境之初所要考虑的除了教学内容就是学生的需求，所以在这样的环境中学生更容易产生亲切感，从而与创设情境更好地交融并在其中进行感知和实践。

（4）寓教于乐

快乐学习是情境教学模式最直接的表现，在这种教学模式下，学生的学习过程是轻松的、欢快的，所以情境教学模式具有寓教于乐的特征。环境创设是根据学生需求所创设出来的，也必然是学生所喜欢的，最起码不至于反感，在这种情境中他们不会感到枯燥无味，不会有痛苦的感觉。此外，情境教学模式下，学生是自己主动参与而不是被迫的，在气氛活跃的、符合他们需求的课堂环境中，他们的自主性、积极性会发挥到极致，而且是轻松愉快地学习完整堂课的内容。由于情境的创设是以相应的教学内容为基础的，所以学生们在这个过程中不是漫无目的的瞎闹，而是乐与学的结合。

（二）情境教学法在大学英语教学中的应用

1. 结合实际生活，创设教学情境

英语的本质是用来交流的，在教师的授课过程中应牢牢以此为基准，以能够让学生掌握英语的运用能力为目标，而情境教学法就是一个非常好的方法。在情境的设计上要结合实际的生活情境，尤其是学生的生活情境来创设，这样才能够让学生们有更好的代入感。例如教师在讲授"tourism"这一课的时候，可以先讲一讲老师本人的相关经历，以此来引导学生回忆一下自己的旅游经验，让大家回想一下旅游的过程是怎样的，遇到了哪些问题，又是怎样去解决的；也可以师生一起预设一个在外旅游的情境，假设现在遇到了这样一个问题：在机场你托运的行李找不到了。问题预设完成后先让学生们讨论一下：当问题出现后我们应该怎么去做，我们可能需要去找相关的工作人员来查询我们的行李是在哪出现了问题、需要提供行李的相关证明、需要了解机场能在多久的时间内找到行李，找到后我们需要去哪领取行李等。在这个过程中，教师和学生一起探讨学习如何沟通，常用的表达方式是什么，语法内容是什么。教师可以在这一过程中将授课内容的重点、难点放在同学们的问题交流、沟通之中，让学生能够直接举一反三地去运用。

2. 利用多媒体等教学资源创设教学情境

随着科技的不断进步，在学校的教学中除了传统的书本、黑板等教学资源以外，投影等现代多媒体技术也为课堂教学带来了生机。教师可以在多模态语境下创设融图像、音频、视频和语言为一体的多模态教学情境，充分利用多种模态让学生获取、接收有用信息，利用互联网、图像、情景对话、角色扮演等多种手段，使整个教学情境能够更加生动、真实、图文并茂，让学生能够通过视觉、听觉来多角度地感受，激发学生学习英语的积极性和主动性。例如在讲授"Traditional art"这一内容时，教师可以先通过一些图片来让大家对这一内容有一个最直观的印象，在这一过程中教师就可以将一些新的词汇、需要学生掌握的词汇融入其中，这样不仅可以让学生对新的知识有一个很好的掌握，同时也能够适当地复习、回顾一下以前的内容，温故而知新。在对"Traditional art"有一个简单的了解之后，教师可以通过一个相关的视频短片来引入后续的教学内容，可以播放一个与授课内容相关的传统艺术短片来激发学生们的兴趣，同时将授课内容融入其中。在这一过程中学生对教师的讲授内容能够有一个非常深刻的印象，使学生产生浓厚的兴趣，为后续内容的阅读、训练铺平道路。

3. 将授课内容转化为故事情节，为学生创设教学情境

单纯地通过图片、音乐、视频等影音资料并不能够让学生产生持久的兴趣，对于课堂的前半部分可能学生还有极大的兴趣去了解、学习，当后续的内容逐渐变得枯燥的时候，学生的学习兴趣也会急速下降，对于整个课堂的教学效果影响极大。教师可以结合学生的学习特点来解决这一问题。

教师可以将授课内容串起来，将文章对话变成一个一个的小故事来吸引学生，让学生们能够跟着教师的授课内容一点一点地学下去。在将授课内容转化为故事情节的过程中，教师可以根据文章本身的内容和逻辑来展开，也可以根据本节课要讲授的内容设计故事情节，还可以根据不同班级的具体情况来灵活设计。

4. 运用合作方法激活教学情境

除了利用多媒体等现代教学工具创设教学情境以外，教师还可以通过预设情景，让部分学生通过角色扮演参与其中，将授课内容灵活地展示在同学们面前。这种师生合作、学生间的合作可以让学生们都参与到情境之中，在情境演示的过程中，学生作为整个授课内容的主体，会情不自禁地考虑该如何表达，对授课内容的把握也更加深刻。例如，教师在讲授饭店用餐相关用语这节课时，可以先通过相关视频让学生了解国外饭店用餐的特点，让学生来思考国内外的饭店用餐有哪些不同，并将授课内容穿插在这一过程中，然后进行梳理归纳。接着就可以把课堂假想成饭店，找一些同学分别扮演饭店的工作人员和前来就餐的客人，让大家模拟在国外用餐的情节，教师需要在一旁指导并及时地为学生再次强调授课内容的重点。通过学生和教师的共同努力，学生们可以在愉悦的环境中学习并练习新知识，同时也激发了学生之间的竞争意识，使整个课堂氛围积极向上。

5. 因材施教创设教学情境

学生的学习状态各不相同、英语基础参差不齐、教学内容也各有侧重，因此教师在创设教学情境时也应因材施教、对症下药。对于学习特别积极的同学，教师的情境设置更加注重对学习内容的应用方面，以提升学生的实际口语表达能力为重点；而对于学习不是特别积极的同学，教师的情境设置应该以激发学生的学习兴趣为出发点，循序渐进；对于基础比较好的同学，教室的情景设置应当以能力的提升为主，对部分不太擅长的地方有侧重地授课；而对于基础相对薄弱的同学来说，教师在设置情境时应注重对基础知识的掌握；同时教师也应该根据教学内容侧重点的不同来灵活调整情境设置，最大限度地提升学生的英语学习能力。

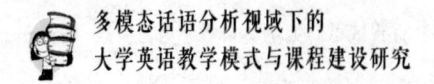

三、项目教学法

（一）项目教学法的内涵及特点

1. 项目教学法的内涵

项目教学法是一种具有很强实用性，针对问题展开教学活动的教学法，以实际生活中存在的各种项目为依托，将学生作为教学活动的主体，同时让教师扮演"引导者"的角色，通过执行完整的项目开展教学，在实施过程中让学生们获得知识和技能。项目教学法源于19世纪中叶欧洲兴起的实用主义，从本质上看，实用主义是一种哲学，强调特定研究目的以及研究活动所具备的实践性，强调实践胜于理论。[1]事实上，该哲学流派的代表人物杜威（John Dewey）主张将教育与社会实践、现实生活进行融合，强调"通过行动学习"，主张在现实生活中进行真正的探索和实践，不提倡在教室中进行机械式记忆。学习者首先要面对实际情况，通过反思性思考进行分析和辨别，通过这种方式制定出具有可执行性的处理方案，理性审查各种假设，并根据实际情况进行测试。这种探索活动至关重要，其好处不在于解决问题本身，而在于发现问题所涉及的各种知识以及对问题某些方面形成更深刻的理解。知识是通过正确解决问题而获得的，而开展的学习项目则为学习活动的媒介。项目教学法以学生实际需求为基础，将项目作为学习的媒介，通过正确处理项目中的问题以获取知识，并使学生逐渐习惯独立解决问题，提升其综合素养。

2. 项目教学法的特点

（1）开放性

践行项目化教学，就需要联系较多的实际问题，而这些问题往往都具有较大的开放性和综合性，这样可以使实际的项目学习能够得到实践和理论的帮助，充分表现出学习内容的全面性。学生在进行项目化学习时，常常会涉及较多的问题，这些问题不仅仅来自书本，还有较大一部分源于比较创新和实用的现实问题。

---

[1] 代淑为. 基于实验项目的高校英语教学研究 [J]. 化工进展，2020（01）：423.

(2) 合作性

项目化教学可以提供给学生较多的学习途径，学生可以通过思维创新，学习基础理论性知识，不断进行实践锻炼。将所有学生分为若干学习小组，这样可以促进不同知识水平以及不同程度专业技能的学生进行沟通交流，促进每一位学生的发展以及提升学习效果。

(3) 真实性

项目化教学中所涉及的项目都是根据实际的教学内容和教学目标建立的，其设置的问题大多也是学生在日后工作当中可能会出现的一系列问题。在开展项目化教学时，需要严格按照实际的学习要求，让学生研究和分析真实存在的事件，这样有利于学生全面深化地分析问题。

(4) 个性化和多元化

由于项目化教学涉及内容广泛，这样可以从根本上满足学生个性化的学习要求。项目化教学不仅包括学习基础理论性知识，实践锻炼能力，还包括设计创新以及智力训练等多样内容。这样就可以使学生得到丰富的实践经验，并且具有多样化特征。在进行项目化教学时，学生不仅能够使自身能力得到锻炼，还能在实际的学习过程中体会到学习乐趣，获得成就感。

(二) 项目教学法在大学英语教学中的应用

1. 项目的选择

由于大学英语课程具有内容繁多、覆盖范围广的特征，且并不是所有教材内容都适用于项目教学法，因此在进行项目选择时，教师要以教材内容为依据，充分考虑课程内容的适应度，并保持项目内容与课本知识的紧密结合。项目教学法重视知识的连贯性，为学生创造更多的思考与想象的空间，使学生既能够灵活运用所掌握的知识，又能够在不断探索与研究中学习到更多的新知识，拓展学生的视野与知识面，锻炼学生的语言表达和逻辑能力。此外，教师还要考虑所设置项目的难度，在项目开展之前应对学生学习能力和英语基础进行考查，结合学生实际情况选择符合学生认知能力的项目，既不要因为项目完成难度过大，使学生失去学习与探究的信心，也不要因为项目过于简单，使学生提不起深入研究的兴趣与欲望。应采用难度适中的项目来调动学生学习积极性，使学生思维处在活跃状态，有计划、

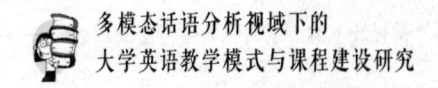

有目的地进行项目演练，更好地解决在项目实施过程中遇到的问题。以学习"Reservation"相关知识为例，教师可为学生设置预订相关产品的学习任务，让学生掌握关于"预订"的词汇与句型，并将其应用到实际英语交际中，完成对知识的实际应用。

2. 项目的操作

首先，在项目实施之前，为使学生能够在相互帮助与相互协作下完成项目的探讨与研究，教师可在了解学生学习能力和喜好的基础上，依照互补的原则对学生进行分组，并明确小组成员的职责，保障小组合作学习任务的有序进行。其次，教师应利用信息技术创设教学情境，可利用多媒体设备播放有关"预订"的短片，为学生创设真实的场景；还可利用教学道具，比如"Reservation"标志牌、电话、笔记本等，为学生实际操作提供便利。最后，项目的导入环节如下。

项目一：教师先为学生播放有关项目背景的视频，让学生针对项目内容以小组为单位编写对话。在学生进行讨论的过程中，教师应深入到学生之中，帮助学生解决遇到单词和短语使用不当等问题。在完成对话编写后，教师可组织学生进行对话表演，其他学生对对话内容进行评价与补充。最后由教师进行总结，分析对话中所用短语和词汇的正确性，并评价小组的表现，指出对话内容存在的不足。

项目二：对项目进行拓展与深化，在小组成员开展对话的基础上，为学生设置更多要求，比如预订的内容、价位、要求、联系电话、付款方式等。教师可利用多媒体设备为学生展示例文，引导学生观看视频，并为学生提供网络资料作为参考，然后针对学生所编写的对话内容进行重点讲解，进一步加深学生的印象与记忆。

3. 项目的展示与评价

项目的展示是项目学习的重要环节之一。在项目完成之后，学生对所创造的成果进行展示，能够使教师了解学生的学习情况，同时学生能够互相学习，分享成功的喜悦。由于学生学习能力和英语基础不同，部分小组成员的语言表达能力不强，介绍时可采用简短的话语或风趣幽默的语言，能产生较好的效果，弥补学生英语表达方面的不足。部分学生设计能力较强，能够流利地表达出自己的观点，并完成对研究成果的展示。不管学生所展现的是哪一种情况，教师都应以积极态度去鼓励学生，使学生能够认识到项目教学法的应用价值和意义，并逐渐树立学习的信心，在大量的练习中实现英语表达能力和知识应用能力的提升。在学生完成成果展示之后，教师可引导学生进行相互评价，利用互相帮助的方式来修改作品；还可发挥教师的引导作用，为学生讲解项目所涵盖的知识点和需要注意的事项，使项目展示与评价的过程成为学生能力提升的过程，从而更好地实施项目教学法。

四、任务教学法

（一）任务教学法的内涵及意义

1. 任务教学法的内涵

任务教学法（task-based teaching approach）在20世纪80年代兴起，是交际教学法（communicative approach）的发展和延伸，其基本思想就是以学习者为中心，引导学生在解决问题的同时习得语言，掌握运用语言的规则。任务教学法改变了教师单纯是语言传授者、一切教学活动仅以教师为中心这一传统的教学模式。它强调通过运用真实的语言材料设计任务，激发学习者的兴趣与动机，强调学习是一个能动的过程，需要认知主体的积极参与。任务教学法的理论基础之一是克拉申的二语习得理论。根据克拉申的输入理论，目标语内容的大量输入是决定外语习得的关键，但是有意识地学到的语言知识未必会转化为自发的、自动的语言运用。斯温提出了语言输出理论，认为可理解的输出对二语习得同样有积极意义，学习者必须经过大量的语言实践才能内化输入的语言，并强调输出应作为一个语言学习过程而不仅是学习结果。由此可见，语言输出能力即语言的应用能力，需要在学习者的持续输出实践中得到提升。任务教学法的基本思想就是以学习者为中心，学习的过程需要认知主体的积极参与，强调"做中学"，围绕任务展开学习，完成任务的过程就是学习的过程。对于语言学习而言，完成任务的过程就是语言知识输入加输出的过程。这一方法颠覆了"以教师为中心"的传统教学模式，要求学生带着任务在探索中主动学习，主动输入和输出，并在任务完成后获得成就感，从而进一步激发学习动力和热情。

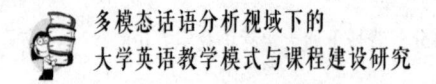

2. 任务教学法在大学英语教学中的意义

（1）发展学生的综合能力

大学英语课程是许多学生步入社会前接受的、最后的正规系统的英语教育，在这一时段的教学中使用任务教学法，对学生除英语能力之外的专业和职业能力的发展有着重要的作用，这和大学英语任务教学法的教学模式与组织模式密切相关。首先，大学英语任务教学法以学生小组实践为主要的组织模式；其次，大学英语任务教学法强调探究学习，合作成长。这样的组织模式与教学模式有别于传统的单人任务学习，更加强调学生在学习过程中的配合与交流，这与学生在今后专业和职业发展中的许多要求不谋而合。大学生可以在这种教学模式下提前感知职场、社会与学生生活的种种区别，从而帮助他们更好地积累经验，更好地实现由学生到真正的社会人的转变。

（2）提升学生的英语实践能力

任务教学法归根结底是为了提高大学英语教学质量而提出并广泛传播的一种教学模式，在教学应用过程中客观上促进了学生其他方面能力的发展，而且这一教学法对学生最大的益处是提升其英语学习能力。在大学英语任务教学法的组织模式与学习模式下，学生经过合作交流等方式完成相应的教学任务，从而保障了英语教学的基础效果。在保障基础效果的同时，任务教学法会推动学生进行深层次的英语学习探究，这不仅推动了学生探究能力的进步，还拓展了学生英语学习的深度，从而使教学效果得到进一步提升。

（3）增强学生的学习自由度

大学生在英语课堂教学中普遍是被动的。一是由于教师对课堂教学的把握过于自我，忽视了培育学生的主动性；二是由于学生进入大学后对英语学习的主观需求降低，导致了英语学习处于被动状态。任务教学法应用于大学英语教学后，学生参与课堂学习的热情得到了提升，这是出于两个方面的原因：首先，任务教学法削弱了教师对课堂教学的控制，让学生的学习自由度获得提升，这有利于部分学生对自身感兴趣的内容进行探究与实践；其次，在任务教学法的组织模式下，一旦某个学生"掉链子"、偷懒，就会影响整个小组的任务完成情况，进而让教师对该组的评分降低，影响到其他学生，而为了维持同学关系，避免其他学生产生不满，大多数学生都会积极参与到任务教学中。

（二）任务教学法在大学英语教学中的应用

1. 应用的可行性

首先，相较于传统的教学方法，任务教学法要求教学以学生为主体，以学生对任务的完成为基础。在传统的课堂教学中，教师没有适当的辅助设备用以营造特定的语言情景，因此无法设计出有效的任务来调动学生的学习兴趣和积极性。其次，传统的课堂教学无法提供给学生足够丰富的目标语内容。即使告诉学生要课后多做听力训练、多阅读英文书刊报纸，学生也难以在短时间内找到大量的与课堂内容相关的英文资料作为课堂学习的有益补充，使课堂、课后学习相脱节。再加上教师无法对学生课后的阅读作业加以有效检查与评估，很大一部分学生课后很少阅读英文，使得英文输入量不足。最后，传统的老师讲、学生听的课堂教学方法没有给学生提供更多的使用语言的机会，也容易造成学生学习上的惰性。

2. 教学过程设计

在具体教学实践中，可以将每学期英语课分为自主学习课、听说课和读写译课。自主学习课在多媒体教室进行，学生通过自主学习软件和网络完成教师布置的词汇学习、视听、阅读任务，自主输入语言知识。听说课在语音室进行，侧重口语交际能力的教学，促使学生激活输入的语言知识，积极进行语言实践，进一步内化习得的知识点。读写译课主要目的在于提高学生的翻译与写作技能，同时也可以引出、解释并布置新任务，讲解任务完成过程中遇到的问题，检查及总结、评价任务完成情况。

由于各学期的教学设计重点不同，课时分配及教师布置的任务侧重点也可随之改变。例如，第一学期重点为扩大词汇量、强化听说技能训练、培养学生学习英语的兴趣。可以在自主学习任务中相应增加英语构词法、词根词缀等内容的学习及听说课，也可适当加入专业术语的学习。第二学期重点为阅读技能训练，就要扩大阅读量，相应增加自主学习任务中的阅读内容，并适当加入专业英语篇章的阅读。第三学期重点为翻译与写作技能训练，可相应增加翻译、写作内容，如英汉语言对比、英语句式写作训

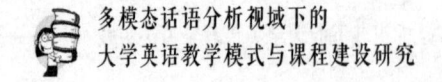

练及英汉互译技巧等。第四学期重点是综合应用能力训练，可以根据班级整体情况合理布置任务以强化其弱项。

根据现有研究，任务教学法的实施可分为三个阶段，即：前任务阶段（pre-task）、任务阶段（task-cycle）、后任务阶段（post-task）。以下就按照这三个阶段来阐述任务教学法在大学英语教学中的具体应用。

（1）前任务阶段

在听说课上进行。在这一阶段，首先要向学生说明任务要求、任务目标、任务评价标准。接着导入新的语言学习项目，促使学生对已掌握的语言知识进行重构，激活与任务相关的背景知识，减轻任务完成过程中的认知负担。具体做法是：在课堂上，提出几个与主题相关的问题，或者播放与主题密切相关的英语短视频或音频，引导学生积极思考与发言，鼓励他们说出自己所知道的信息，并将关键词及短语列在黑板上。最后布置自主学习任务，可以包括以下几个方面：利用自主学习软件自学课本内容，包括词汇的学习、课文的理解及课文结构分析等并完成练习进行自测；利用网络查阅或听取中英文资料，进一步学习相关知识，写一篇不少于120词的小作文；以小组为单位，从老师列出的口语交际情境任务中任选其一合作完成。

任务可以是根据给出的情境，编写英文对话或短剧，并在课堂上展示演出。根据任务教学法的实施原则，布置任务要做到以下几点：任务情境要尽量贴近生活，使语言学习与现实生活中的语言运用结合；明确学生要完成的任务；激发起学生求知探索的欲望，使他们在任务的驱动下去学习语言知识，进行技能训练；任务要引导学生掌握思考、讨论、交流、合作等方式。

（2）任务阶段

在自主学习课上或课后，由学生自学本课内容及相关知识，完成各自的学习任务，小组讨论，合作完成小组任务。在这一阶段，任课教师可以在自主学习平台上跟班辅导监督，掌握学生网上学习进度、学习热情和学习效果，对学生提出的问题予以解答并记录，对学生完成任务时遇到的困难提供帮助，同时对学生的学习效果进行记录。在这一过程中，老师需要将记录的问题及学生学习情况进行思考整理，充分准备，在后任务阶段的面授课上解答学生遇到的共性问题，并对学生任务完成过程中的情况进行总结评价。对于学有余力,超前完成任务的学生,可以给他们推荐一些相关的或教师认为好的音像或视频资料进行学习。在任务阶段,一定要记住:学生是完成任务的主体,教师的角色应定位为"教学资源、信息的提供者""学习过程的辅导监督者""学习的引导促进者",切勿越俎代庖。

(3) 后任务阶段

在听说和读写译面授课上,教师在检查任务完成情况的基础上,进行总结评价,鼓励反思与巩固,鼓励学生进行重构练习。在读写译课上,老师可以解决前任务阶段所布置的任务,这时,需要将学生的注意力转移到语言形式上来,强调语言使用的准确性。经过前面两个阶段,学生对学习内容已经有了较全面的了解,在此基础上,再帮助他们分析、归纳、总结语言形式上的用法、规则就容易多了。首先,教师根据各环节中学生出现的问题记录,通过完成课前精心设计的具有针对性的活动来强化语言点,与学生共同分析,并通过指导,给学生提高语言准确性的机会。这种由师生共同合作、结合任务进行的讨论分析,能够达到巩固新知的目的。其次,检查学生的作文完成情况,任选几篇作为例文,先让同学们指出其中的优缺点,教师再给予评价,或者分小组互相传阅,互相评价。在听说课上,教师可以检查学生情境任务的完成情况并进行评价记录。

五、质疑教学法

(一)质疑教学法的概念

教学中的"质疑"一般可理解为以下几种方式:一是指学习方式,学生在学习过程中不断探索求知,提出疑难问题;二是指教学策略,教师在课堂教学中创设适当的情境,鼓励和指导学生同教师共同探讨疑难问题,深入理解所学内容;三是指特殊的教学环节,教师了解学生的知识掌握情况后,在课堂上特意留出一段时间,来集中解答学生提出的疑惑或没有弄清楚的内容或遗漏的知识点等。这三种方式都基于学生的"质疑"——主动提出问题,如果学生没有发挥自主性,质疑的教学策略和教学环节都不可能展开。本书所指的质疑教学法,主要是指教师在教学情境中,善于启发引导学生,激发学生学习兴趣;学生发挥自主积极性和主观能动性,乐

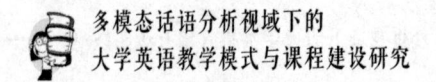

于善于思考，乐于敢于怀疑，产生疑问，并向教师提问，师生间共同对话、交流、探讨，解疑释惑，从而提升学生自我质疑和创造的能力，达到师生间教学相长的目的。

（二）质疑教学法在大学英语教学中的应用

实践证明，教过不等于学会。教师课堂上滔滔不绝，有声有色，而学生是被动接受的。他们的主动性、创造性难以发挥出来，是教师剥夺了学生质疑的思维空间。学生是课堂的主人，是内因，而教师是外因，是学生学习的组织者、引导者。教师应在启发、引导、点拨方面全方位地为学生服务，把学生思维的时间、空间还给学生，让学生做学习的主人。因此，在英语教学过程中，教师应有意识地制订符合学生个性审美的目标，激发学生质疑的内在动机，从而调动他们积极思考、探究问题的自觉性。探究、思考、解决未知问题的过程，会产生更强烈或更高层次的创造需要，形成潜移默化的创造意识。

1. 教学中的质疑

俗语说：良好的开端是成功的一半。一堂课的开始，组织教学是序幕，是至关重要的部分。在学生提前预习的前提下，学生带着问题进入课堂，教师的导入环节就应该从问题的提出，即质疑开始，这样才能引起学生探究的兴趣。教师要采用多模态教学模式，创新教学方法、教学手段以及教学内容，务必使英语课堂始终保持生动有趣，在符合教材内容的前提下，促使学生成为课堂的主角，主动参与，积极投入学习中。

2. 课堂学习中的质疑

从教学理论上分析，学生的学习兴趣受兴趣规律制约，也就是直接兴趣与间接兴趣的相互转换。众所周知，直接兴趣情感性强，吸引力大，但难以持久；而间接兴趣理念性强，好坚持，但吸引力差，且容易疲劳。因此，教师要依据不同的课堂内容，设计生动有趣、贴近生活、师生可以互动的话题，激发学生的兴趣。在课堂学习中，教师要主动运用兴趣规律，促进二者转换，才是最优教学表现，提高学生对英语学习的兴趣，直接兴趣自然诱发出间接兴趣。

3. 课堂小结中的质疑

一个引人入胜的新课导入，对于激发学生兴趣、提高求知欲有着十分重要的作用，而一个耐人寻味的结尾，对于帮助学生理清知识脉络和体系，掌握知识重点、难点，真正提高语言运用能力，意义更加重大。因此，教师精心设计的课堂小结，对于提高课堂效果和巩固发展学生的发散思维，有着举足轻重的作用。作为教师，只有解惑是不够的，更重要的是会设疑、布疑，并以此激发学生探究问题的兴趣和动机，使枯燥无味、单调呆板的课堂"生机勃勃"。一篇文章讲完之后，教师可以给出几个"key words"让学生自己去编一些内容，也可以设计一些问题。例如：我们可以根据课文这样设计问题：Can you talk about something different in the education between the US and China？通过讨论，学生们就会再一次巩固所学内容，也可以开阔视野，了解中西方文化的不同，从而培养学生探究、发现的能力，达到自主学习的目的。当然，在课堂教学中，通过质疑小结，也可以帮助学生将所学知识系统地梳理，有规律可循，形成知识框架和网络，从而达到学以致用的目的。

总之，一个好的教师不是讲得学生没有问题可问，而是能启发学生提出更深刻的问题。在大学英语教学中运用质疑教学策略，就是让学生成为学习的主人、课堂的主人，从根本上促进学生认识能力和个性的发展，充分发挥其主观能动性。时代要求每一位英语教师更新观念，与时俱进，通过自己潜心研究，质疑自我教学过程，从而培养学生主动探究、质疑思维的能力，不断提高我国高校的英语教学水平。

第五章 多模态话语分析视域下的大学英语教学模式

互联网技术的不断发展,使得整个社会的智能化、信息化、网络化特征更加明显,全覆盖式的信息化环境正在逐步建成。沉浸式的学习环境、新兴的技术手段、飞速变革的信息传输模式,给人们学习知识、掌握知识以及应用知识等带来了新的要求和挑战。21世纪以来,我国不断进行教育改革,对大学生英语教学提出了新的目标和要求。大学英语教学内容、教学环境、教学资源等各种教学要素已经朝着信息化、个性化和自主化的方向发展,大学英语教学改革也正朝着外语教育现代化方向推进。建设现代化教学模式,增强教学创新性、教学内容互补性、教学方法科学性、教学能力的知识性,进而提升英语教学的水平和质量,已经成为新时代大学英语教学的新要求,英语教学多模态化成为必然趋势。多模态具有聚集多种模态共用的优势,它可以充分利用所有新媒体参与交际过程,进行即时传递,也可以使信息全方位地传递。多模态交际在大学英语教学中的应用,提高了教与学的系统性和整体性。

然而值得注意的是,多模态教学模式实施过程中出现的问题大多是在信息技术与课程整合过程中产生的不协调现象,比如,一些学校大学英语教学对信息技术的应用只是摆摆样子,技术与课程的整合流于形式,形成了信息技术高投入与外语教学低成效之间的强烈反差。又如在大学英语在线学习模式发展进程中出现了诸多问题,如过于强调在线技术层面,忽略了英语作为语言的特质;英语语言和其他相关的意义资源未能进行有效整合,过于强调图像、音乐、颜色等各种符号在在线学习模式中的应用,语言系统在意义交换过程中的作用被忽视;在线英语学习者对所学知识、技能的解读趋于片面性、表面化，降低了在线英语学习的效果等。因此，大学英语教师如何利用有限的课堂教学时间，提高自身的话语质量，让教学更富有吸引力，帮助学生有效地提高英语应用能力，这正是笔者研究的目的。

基于此，本章深入剖析互联网背景下大学英语多模态教学现状，探寻多模态话语分析视域下的大学英语教学存在的问题及成因，探讨多模态话语分析在大学英语在线教学模式、翻转课堂混合式教学模式、游戏化教学模式和对话教学模式这四种教学模式中的应用实践，力图使大学英语教学紧跟时代步伐，适应新的时代背景，完成系统的更新与升级，以满足更高的社会需要，达到大学英语教学的最优模式。

一、多模态话语分析视域下的大学英语教学现状

笔者以所任教的S大学的大学英语教学为研究对象，对大学英语教师和学生通过问卷调查和半结构式访谈展开实证性研究，对网络和信息技术支持下大学英语多模态教学现状进行分析。

S大学为省属综合类大学，笔者分别从S大学文学院、物理与电子工程学院、体育学院中选出大学二年级学生各60名作为调查对象，共计180人。其中男生86名，女生94名，男女比例适度。他们的年龄范围在19至21岁之间，平均年龄为20.3岁。选择大学二年级学生作为研究对象，是因为大二学生至少已有一年的在线英语学习实践，并且摆脱了大一入学时对教学模式的茫然和不适感，在一定程度上保证了调研的真实性和有效性。同时三个学院包含了文科类、理工科类以及艺体类专业学生，具有一定的代表性。此外，笔者向30名有5年及以上教学经验的大学英语教师发放问卷，其中男教师12名，女教师18名。综上，笔者共发放教师问卷30份，学生问卷180份，收回有效问卷共210份，回收率为100%。

（一）多模态话语分析视域下的大学英语教学现状

1. 多模态话语分析视域下有关学生的现状分析

关于学生的大学英语学习状况，笔者主要基于信息技术和多模态话语背景，从学生自主学习观念、自主学习状况、学生信息素养三个维度来设计问题，展开调查。在学生自主学习观念方面，笔者参照"语言学习观念调

查表"①，从语言学习本质、自我效能感以及网络环境对外语教学影响的三个角度设计问题；在学生自主学习状况方面，笔者以欧麦利（J. M. O'Malley）和查莫（A. V. Chamot）②的自主学习理论为依据，基于网络环境下大学英语自主学习特点，从学生的自主学习动机、学生对自主学习态度以及他们利用网络资源进行自主学习所应用的学习策略三个方面设计问题；在学生信息素养方面，笔者主要从信息技术与学生的学习生活相关度、互联网使用情况、是否会利用网络资源查询与英语学习相关的信息、是否会完全借助网络查找与专业知识相关的英文文献等方面设计问题，具体内容见附录一"计算机网络和信息技术背景下大学英语教学情况调查问卷（学生版）"。

（1）学生自主学习观念的调查分析

关于学生自主学习观念的调查，数据显示，63.9%（115人）的学生认为找到适合自己的学习方法，对于英语学习帮助很大，这对于其自主性以及个性化的培养不无优势；71.1%（128人）的学生认为学习英语耗时耗力，这表明大部分学生还没有掌握有效的学习方法；70.6%（127人）的学生承认在英语学习过程中犯错误是再正常不过的事情，这说明学生对待英语学习中出现的错误能够积极接受。但是，关于语言学习自我效能感的调查显示，多数学生对自身英语学习能力持消极态度：66.1%（119人）的学生认为自身英语学习能力一般，只有33.9%（61人）的学生认为自身具有良好的英语学习能力。以上数据说明，学生的语言学习观念还比较传统，虽然对自主学习有所理解，但是还没有掌握有效的学习方法，自我效能感较差。

（2）学生自主学习状况的调查分析

关于学生自主学习状况的调查，数据显示，51.1%（92人）的学生认为学习英语的主要目的是"为了将来找到一份好工作"，而只有7.8%（14人）的学生觉得学习英语是因为"对英语学习非常感兴趣"，32.2%（58人）的学生认为学习英语是"为了通过大学英语四、六级考试以及研究生入学考试"，8.9%（16人）的学生选择了"英语是必修课而不得不学"。由此

---

① HORWIZE E.K., HORWIZE M. B., Cope J Foreign language classroom anxiety [J]. The Modern Language Journal, 1986（02）: 125-132.
② O'MALLEY J.M., CHAMOT A.V.Learning Strategies in Second Language Acquisition [M]. Cambridge: Cambridge University press, 1990.

可见，目前学生学习英语的动机仍然以工具性居多。换句话说，学生的内在动力还没有趋于主导地位，受外部环境的影响较大。

（3）学生信息素养的调查分析

关于学生信息素养的调查，数据显示，对于网络和电子信息技术支持下的自主学习"非常喜欢"的学生占33.9%（61人），"感觉还可以"的学生占55.6%（100人），"不喜欢"的学生占10.6%（19人）。可见，学生对网络和电子信息技术支持下的大学英语自主学习教学模式比较认可。关于学生利用电子信息技术和互联网进行自主学习所应用的学习策略，调查结果显示，54.4%（98人）的学生在利用网络资源或手机App进行自主学习时，大部分时间没有具体的学习目标；48.9%（88人）的学生在利用网络资源或手机App进行自主学习时，能自觉地排除不相关的网页及周围环境的干涉；59.4%（107人）的学生在自主学习环境下没有自己的学习计划；67.8%（122人）的学生表示他们基本上不能根据自己的学习情况来相应地调整自主学习计划；63.9%（115人）的学生表明他们基本上不能合理地安排自主学习内容；66.7%（120人）的学生表明除了完成教师要求的任务以外，通常不制订自我学习计划；56.7%（102人）的学生在自主学习时不知道应该使用哪些学习方法；60.6%（109人）的学生能通过校园网查询自己需要的英语学习资源；52.8%（95人）的学生基本上能够客观地评价在自主学习过程中取得的进步并找出不足。综上所述，大部分学生在利用网络资源或手机App进行自主学习时，尚不能较好地使用元认知策略，只有少数同学善于取长补短、知难而进，仍然具有良好的自觉性，在自主学习过程中取得进步并发现不足。非英语专业学生对元认知策略的使用情况也不够理想。教师在教学过程中常常会要求学生制订学习计划，但是多数学生表示他们在制订学习计划时缺少必要的指导。

同时，61.1%（110人）的学生表示在收看或者收听英语方面的节目时，愿意模仿说话人的语音、语调；57.2%（103人）的学生表示在利用网络资源或手机App进行自主学习时，不会经常学习英语；57.2%（103人）的学生表示不经常利用网络资源或手机App的自主学习系统做一些相关的练习题；25.6%（46人）的学生表示会常常利用网络资源或手机App的自主学习资源来检索相关的英语学习知识。从上述数据可以得知，学生除了愿

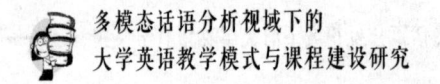

意模仿说话人的语音、语调之外，绝大多数学生在自主学习的过程中还不能恰如其分地使用元认知策略。

2. 多模态话语分析视域下有关教师的现状分析

笔者从教师的课堂教学方法、PPT 课堂教学现状、教师信息素养、师资培训等方面设计了问卷，展开调查，具体内容见附录二"计算机网络和信息技术背景下大学英语教学情况调查问卷（教师版）"。

（1）教师课堂教学方法调查分析

调查表明，教师在课堂上经常使用如下教学方法：讲授法、句型练习法、情景对话法、快速回应法以及教师指导下的课堂讨论法。它们的平均值分别为 4.08、2.04、2.12、1.92、2.99（按教师选择的次数进行统计）。而以学习者为中心的反思写作法、日志对话法、实地考察法、学生自主讨论法、问题中心法却不常被教师在课堂上使用，它们的平均值分别为 1.05、0.31、0.41、1.24、1.38（按教师选择的次数进行统计）。

通过访谈得知，大多数教师表示，在课堂教学中的确还沿用传统的以教师为中心的教学方法，尽管在大学英语教学改革进程中尝试了几种新的教学模式，比如"问题中心法"（以下简称 PBL 模式，是在建构主义学习理论指导下，把学习置于复杂的、有意义的问题情境中，然后通过学习者的合作学习来解决问题，从而掌握语言知识），但是大部分教师表示 PBL 教学模式使他们对课堂的进度难以控制，而且对英语基础差的学生不太适用，教师对学习效果也难以评价。因此他们还是习惯于在课堂上对学生的学习进行完全操控，而不是提供给他们更多的机会让其去建构意义。所以说，目前大学英语教学存在教改模式与教师的教学方法不相匹配的现象。

（2）教师 PPT 课堂教学现状调查分析

目前，高校教师在课堂教学中把 PPT 作为一种直观的教学手段并广泛使用，有些高校还把是否在课堂上使用 PPT 作为评价教师教学的标准。笔者就 PPT 课堂教学现状，对教师展开了调查——发放问卷、访谈。

当问及会如何选择教学模态，以便用 PPT 向学生展示教学内容和有用信息时，100% 的教师表示经常使用文本；90.0%（27 人）的教师表示会经常注意字体以及排版方面的问题；86.7%（26 人）的教师表示会经常在 PPT 中插入一些图片；而 23.3%（7 人）的教师表示有时会在制作 PPT 时加入动画、视频以及音频链接。83.3%（25人）的教师表示首先会在网上寻找制作课件的资源，其次才会选择在课本中查找。在随后的访谈中，笔者发现，绝大多数大学英语教师上课的课件是出版社配套提供的，只是由于课堂教学时间有限进行了内容的选择性讲解。

当笔者对教师使用PPT课件的频率进行调查时，93.0%（28人）的教师回答每节课或者绝大部分课堂都会使用课件来进行教学，这说明教师在心理上已经开始依赖PPT课件。关于"如果遇到停电、投影仪等设备出现故障或者忘记携带移动硬盘等突发事件时，您的感受如何"，26.7%（8人）的教师表示"很难受，严重影响了正常上课的进程。"；60.0%（18人）的教师表示"感觉不自在，觉得上课比较吃力"；10.0%（3人）的教师表示"感到不太方便，教学进程受到影响"；3.3%（1人）的教师表示"可以正常上课，不受任何影响"。以上数据表明，PPT课件在大学英语课堂教学中发挥着重要作用，但是不可忽视的问题是教师对PPT课件表现出过度的依赖。

（3）教师信息素养问题调查分析

笔者从教师信息意识、教师信息能力以及教师信息知识三个方面对大学英语教师信息素养展开了调查。

在教师信息意识方面，关于"所掌握计算机操作系统方面知识的程度"，36.7%（11人）的教师表示完全掌握了此方面的知识；30.0%（10人）的教师表示能非常熟练地进行视频、音频的剪辑合成；43.3%（13人）的教师表示会非常熟练操作处理文字、图像的软件。

在教师的信息知识方面，关于"您在大学英语教学过程中是否常常选择计算机以及网络来辅助英语教学"，86.7%（26人）的教师给予了肯定。关于"在准备教学科研资料时，会想到从互联网上查找资料吗？"，90.0%（27人）的教师给予了肯定。关于"是否常常参加计算机以及网络方面的培训"，只有26.7%（8人）的教师表示常常会参加此方面的培训。关于"能否意识到信息技术对英语教师的重要意义"，66.7%（20人）的教师表示完全能够意识到，33.3%（10人）的教师表示基本上能够意识到。

关于"网络环境下英语教师应该具有哪些信息素养"，调查结果显示，教师选择最多的前五项是：具有熟悉网络环境下的大学英语教学策略以及

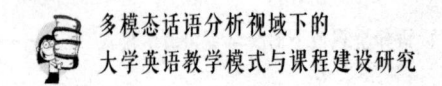

教学方法的能力；具有把计算机以及互联网灵活运用到大学英语教学中的能力；具有迅速从互联网上查找教学资源的能力；具有培养学生自主学习的能力；具有满足学生不断变化的学习需求以及指导学生如何学习的能力。

（4）教师培训情况调查分析

笔者就教师培训问题进行了问卷调查和深度访谈。50％（15人）的教师表示曾经接受过计算机以及网络教学方面的培训，并且在随后的访谈中表示培训对其提高大学英语教学水平大有裨益，他们希望学校能经常为其提供此方面的培训。关于"您需要得到哪些方面的培训"，80％（24人）的教师表示，希望能得到计算机以及网络在外语教学中应用方法的培训；46.7％（14人）的教师表示，希望在常用软件方面接受培训；仅有少数教师希望参加计算机以及网络应用方面的培训。

关于"希望学校给予的支持和保障"，80％（24人）的教师希望能就如何把计算机及网络更有效地应用到大学英语课堂教学接受培训；83.3％（25人）的教师表示，学校应该鼓励教师进行相互合作来开发网络教学资源；90％（27人）的教师表示，希望学校能对其参加外语教学学术会议以及研讨会等进行经费资助。

（二）多模态话语分析视域下大学英语教学的问题及原因

1. 学生方面的问题及原因

网络和信息技术支持下的大学英语多模态教学，学生方面的问题主要有以下三个原因。

第一，学生自主学习观念不完善。通过对学生网络环境下学习观念的调查，笔者认为大多数学生的语言学习观念还比较传统，虽然对自主学习有所理解，认为网络在大学英语教学中扮演着积极的角色，但是还没有掌握有效的自主学习方法，自我效能感较差，缺乏自信。学生即使理解了教改模式中师生角色转变的重要性，但对教师的指导还有强烈期待，依赖性较强。学生缺少学习英语的主观能动性，不具备相关策略知识，而且对制订学习计划、设定学习目标以及如何进行自我监控、管理以及评价等方面的意识较弱。学生对合作学习没有给予足够的重视，缺乏合作的观念。总之，学生的自主学习观还有待完善，网络环境下，学生学习观念的转变需要一个适应过程。教师可以帮助他们转变学习态度、调节学习动机,并加强对学生自主观、合作观的培养,从而提高自主学习效果。

第二,学生缺乏良好的信息素养。上述调查结果表明,大部分学生具备了基本的信息素养,能够熟练运用信息技术进行网络环境下的自主学习,但是辨别及选择网络信息资源的能力还有待提高,存在对网络不良信息抵抗能力不强、自控能力较差等问题。有一部分学生自主学习热情不高,迷恋网络游戏,进行毫无意义的聊天对话。在网络环境下,随着计算机与网络技术的发展,学生能够从小就接触互联网,利用网络进行信息检索,所以具备了一定的信息能力,但是互联网作为一个开放的系统学习环境,网络资源良莠不齐,对学生来说具有明显的诱惑,他们往往缺乏筛选和辨别信息的能力。因此,学生无法最大限度地利用互联网资源来提高自身的英语水平。上述分析提示我们,教师应当及时对学生网络自主学习加以引导,帮助学生提高网络信息资源的检索和筛选能力,去粗取精,去伪存真,帮助学生建立网络环境下良好的自主学习策略。

第三,网络环境下学生自主学习效果不佳。调查结果表明,网络环境下学生的自主学习动机、策略都存在一定的问题,并且发现了学生在网络环境下自主学习的焦虑情绪。

一方面,在网络环境下学生自主学习动机出现偏差。为此,英语教师首先要做的是培养学生学习英语的兴趣,教师可以适当调整自己的教学方式,引入学生感兴趣的教学内容,这样便可活跃课堂氛围,使学生形成良好的语言学习动机,并且将这种动机转化成为一种学习行为。

另一方面,学生自主学习元认知策略缺失。大多数学生不具备自主学习所必备的独立学习风格和积极的学习态度,他们在个性化自主学习方面普遍缺乏恒心和毅力。大学生长期生活在学校,没有工作经历以及社会经验,对自己的专业特点、社会需求了解甚少;和成人相比,大学生的学习目标明确性不强、学习稳定性较弱,对学习内容的选择模糊。多数学生由于长期处于传统的教学环境中,传统教学观念根深蒂固,对教师的指导依赖性很强,缺少主动承担学习责任的意识。因此,对非英语专业学生开展科学、高效的语言学习策略培训非常重要,尤其要进行元认知语言学习策略的培训,使他们转变学习观念,能够正确运用语言学习策略进行有效自主学习,

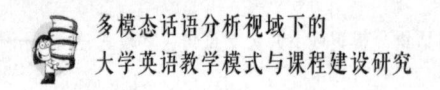

从而成为成功的语言学习者。

2. 教师方面的问题及原因

（1）网络环境下教师的教学信念与实际教学不符

研究表明，语言解读者和语言规范者依旧是绝大部分教师在课堂上的实际角色，老师只要拥有一份出版社的电子课件便认为参与教学改革了。同时，许多教师了解了一些关于建构主义、认知主义等先进的学习理论，并在教学信念上趋于先进，与现代英语教学理念相符，但在实践中由于多种原因似乎很难把先进的理念付诸实践，课堂教学出现了各自为政、无所适从的状况，教师还是没有完全把握好"以学生为中心"以及"以教师为中心"的教学理念，教师信念稳定性并不高，信念、认知与教学行为不一致，大学英语课堂教学没有产生本质上的变化。教师的传统观念以隐性的方式表现在大学英语课堂上，成为信息技术应用于外语教学的真正障碍，教师的认知、信念体系与实际教学相脱节。

（2）教师信息意识与信息知识不匹配

上述调查表明，绝大多数教师具有相当清晰的信息意识，意识到网络环境和多模态话语分析理论对大学英语教学的重要意义，具备了基本的信息素养。但是，教师在信息知识方面还比较薄弱，在教学过程中体会到了自己信息教学知识的匮乏，教改模式中信息技术的应用水平有待提高。大部分大学英语教师有着较强的求知欲，对教师角色的转化和作用的发挥有着较高的期望和强烈的紧迫感，尤其希望就教改模式的技术应用得到培训和指导。笔者认为，大学英语教师信息素养的完善需要信息知识的支撑。无论是信息素养的完善还是信息知识的提高都需要教师发展平台和教师培训体系的建设。

（3）信息技术背景下教师课堂教学方法与新技术失调

①多媒体技术应用缺乏创新

多数教师基本上掌握 PPT 课件的制作方法以及具有上网收集资料的能力，但是绝大多数教师对于视频、音频、动画以及超链接不能熟练地掌握其应用技巧。现阶段，多数教师在备课时习惯于拿来主义，即把出版社提供的原始课件不假思索地加以使用，而对使用何种媒介、何时使用以及怎样使用不得要领，导致课堂教学往往达不到预期效果。这种简单照搬原始课件，缺乏原始创新和再创新的做法，很难达到教改模式的应有教学效果。

有的教师在课堂上盲目使用电子课件，只图课件中热闹的场景而不注重解决实际问题。多媒体只是起了一个花架子的作用。有的教师从教学目标开始到讲授课程再到达标检测，几乎每一个环节都用电脑，表面上看是运用了现代教学手段，实际却仍然是传统的灌输式教学方式，即"电灌"现象。过分利用PPT在一定程度上剥夺了学生动脑动嘴的实践机会，抑制了学生的抽象思维和逻辑表达能力的发展。相反，也有少数老教师在PPT课堂上只会利用简单的文字加图片，最多再加上录音和录像，把多媒体变成单媒体来使用，与传统的"黑板+粉笔"的课堂教学相比，这样的大学英语课堂只是多了光盘和计算机，教学的本质未变，是一种较为传统的以教师为中心的计算机辅助教学。在这样的教学模式中，教师的地位依旧凌驾于学生之上。语法翻译法、直接法、情境法、听说法、认知法、交际法、全身反应法等是大学英语教师比较常用的教学方法。有些传统的教学法无法在课堂教学中实现技术的先进性，产生了技术与陈旧的教学方法之间的矛盾。

②大学英语教师PPT依赖症

研究发现很多大学英语教师患上了PPT依赖症。PPT依赖症有两种表现：一是对设备的依赖，表现为不能不使用多媒体投影，如课件打不开、停电等，就不会上课了；二是把PPT内容当成自己上课的全部，上课面对的不是学生而是电脑和课件，真正离不开三尺讲台了。PPT依赖症的危害很大。其一，造成师生互动减少。教师在传统讲授过程中可以随时观察到学生听课的精神状态，还可以通过提问和学生的反馈信息来了解课堂教学效果，然后有效地采取措施。当教师被电脑固定在讲台上时，她/他更多关注的是课件而不是学生。学生知识掌握情况的反馈被弱化，师生之间在课堂上应有的情感交流变成了师生与计算机的信息交互。这在一定程度上影响了学生回答问题的积极性和主动性。其二，PPT课堂信息量过大，违反了克拉申的语言输入假说理论。为了完成讲授任务，教师在课件的帮助下讲课节奏可以非常快，在一节课里为学生提供了超过其接受能力的大量知识。信息无法被学生消化、吸收，只能导致整体系统知识的残缺不全，更无法进行差异教学，容易挫伤学生主动学习的积极性。其三，教师基本功得不到提升，教学水平的发挥和提高也会受到影响。在这样的PPT课堂中教师失去了自由发挥的机会，简单的陈述和介绍降低了教学深度。在传统的课堂上，每位教师由于自身思维的活跃程度不同，再根据周围环境的不同，讲课时传统的教案设计只是一个框架，教师根据自己的灵感和临时出现的一个好的想法很可能会改变原来讲课的思路，并沿着一种更好的思路讲下去。但使用多媒体教学后，教师的这种灵活性就受到了限制。教师的板书、语言表达、临场应变能力都会逐渐退化。教师思想的火花无法点燃，削弱了他们的教学激情。大学英语PPT课堂上的软件基本是事先设计好的，上课时有的教师只是根据教学内容的需要来操作键盘或鼠标，进行课文的讲解，而例句和练习也都存储在课件里，留给教师发挥的空间极小。所以一些教师在备课时认为课件上都有现成的资料，只是草草地浏览一下课件，放松了对自己的要求，不利于自身的提高。其四，学生的主体性被降低。学生对制作好的课件的权威性没有怀疑，再加上没有思考和消化的时间，课上只能被动地学习"绝对正确"的PPT上的知识，学生的思考能力受到很大影响，他们有时是速记员，有时又变成观光客。甚至有的教师把课件变成了考试资料发给学生，让他们死记硬背。自主学习、合作学习、思维能力培养、创造能力培养在这样的课堂中根本无法实施。其五，影响身心健康。教师常年近距离操作电子设备，学生一直在光线暗淡的多媒体教室学习，双方视力甚至身体健康都会受到影响。学生还会养成不爱动手的习惯。

PPT依赖症的主要原因是教师的教学观念、教学方法依旧趋于传统，信息素养还有待完善，缺乏正确使用信息手段进行课堂教学的能力。更重要的是，教师的自我发展意识淡漠，缺乏教师自主能力，没有与时代共同发展进步的紧迫感和责任感。

③教师不能灵活应用改革模式

笔者通过现场听课发现，有些教师在课堂上尝试了一些新的信息化教学模式，像PBL——基于问题的教学法，但是，由于不能根据校本特色灵活运用，教学效果不佳。PBL是在建构主义学习理论指导下，把学习置于复杂的、有意义的问题情境中，然后通过学习者的合作学习来解决问题，从而掌握语言知识。所以基于问题的学习首先是一种以学生为中心的教学模式，强调学生的认知主体作用。这种新型的教学模式在S大学实施的过程中所体现出的失调因素分析如下。其一，课程进度难以控制。基于问题的教学模式要求，教师首先抛出问题，然后鼓励学生积极参与，重点是训练学生的听说能力，学生在此过程中要通力合作，小组互动，互相交流，做出分析判断并共同完成任务，解决问题。上述过程中所产生的不确定因素使教师难以掌控课程的进度，教师对课堂的控制力减弱。其二，不适用于英语基础较差的学生。这种新型的教学模式对学生的语言运用水平有较高的要求，因为此过程需要学生用英语进行交流，英语水平较高的学生可以流利、准确地表达出自己的观点，效果良好；而对于基础薄弱的学生来讲，这种新模式使他们对英语学习缺少信心，产生不安全感。其三，学习效果难以评价。PBL大学英语教学模式需要对学生进行多元评价，而且评价过程也复杂得多，评价主体以及评价内容都需多元化，学校还没有相应的评价体系与之匹配。

基于以上对互联网和电子信息技术背景下的大学英语多模态教学现状和多模态话语分析视域下的大学英语教学存在的问题及成因分析，笔者接下来对多模态话语分析在大学英语在线教学模式、翻转课堂混合式教学模式、游戏化教学模式和对话教学模式这四种教学模式的应用实践展开探讨。

二、在线教学模式

（一）多模态话语分析理论在在线英语教学中的应用

多模态话语分析的理论框架涉及五个层面：文化、语境、意义、形式和媒体[1]。本书聚焦语境层面。根据Halliday的观点，语境分为文化语境（context of culture）和情景语境（context of situation）两个类别[2]。在这里，我们主要讨论情景语境。情景语境由话语范围、话语基调和话语方式三个方面组成。在语言的情景语境中，除了语言本身的符号系统，与交际活动相关的其他语境因素，如表情、手势、动作、行为，以及工具性的图画、图像、图形、视频、音频、动画等多符号系统，共同参与交际。于是，多符号系统从语境转化为模态，实现交际意义。

---

[1] Martin J. R. English Text: System and Structure[M]. Amsterdam: John Benjamins, 1992: 248-300.
[2] Halliday M. A. K. Language as a Social Semiotic[M]. London: Edward Arnold, 1978: 298-321.

在线英语教学中，情景语境的三个要素——话语范围、话语基调和话语方式的主要内容如下。

话语范围指在线英语学习阶段，所讲授英语知识内容的难度、深度；需要实现的教学目标、教学设计等。

话语基调指参加在线英语学习的教师和学习者双方的兴趣、情感、学情分析等，包括参加在线教学改革的动机、情感体验，参加在线教学改革学习者的情感体验、求学动机、英语学习兴趣、英语学习基础等。

话语方式主要有两种。第一，为多模态交际搭建网络平台，提供大量的语料、模拟真实交际语境（人机对话）、录音、录像、图像等，作为意义表达的辅助方式，激发学习者兴趣和热情。本书所涉及的网络平台有国家开放大学学习网和授课教师所在大学的在线教学平台。第一个平台由国家开放大学设计的大学英语网络课程资源，如课程资源、学习活动、教学评价、学习支持服务等组成。本书聚焦授课教师所在大学的在线教学平台，包括第一学期使用的QQ平台和第二学期学校后期建设的在线直播平台（如雨课堂）。在线导学是为在线英语学习者提供全程跟踪服务和综合性指导帮助的一种方式。在线英语导学视频课是主要针对网络英语课程进行辅导教学的补充视频。第二，多种模态的协同，有学者称之为模态搭配[1]，即选择多种模态相互配合来完成交际任务的现象。在线英语学习环境导学视频包含各类音、视频，如根据书面语含义转换的口语音频或视频、单词音频、口语练习视频，以及整合图、文、声、动作的整段情景视频。在这里，学习者对情景是熟悉的，但对英语语言和文字不熟悉。图片或视频图像是用来阐释文字的，使事物更加具体、真实；音频或视频帮助英语学习者改善口语发音以及理解文字。补充替换的音视频内容用来提供信息，增加意义的明晰度，达到由浅入深、由点到面的教学目的。除此之外，多模态协同已不局限于表情、手势、视频、音频、动画等多符号系统，已扩大延展至其他相关因素的协同。结合导学视频而进行的各项运用其他模态的工作，如学习任务单、学习设备使用、学校管理等，都可以列入话语方式的范畴。

---

[1] 张德禄，丁肇芬. 外语教学多模态选择框架探索[J]. 外语界，2013（03）：39-46，56.

（二）调查研究结果与分析

上一节探讨的网络和电子信息技术背景下大学英语多模态教学存在的问题及上述层面的诉求，为开展多模态话语分析视域下的大学英语在线学习模式研究提供了主观、客观动因。基于在线学习模式研究需求，笔者构建的问题框架为：在线英语学习支架的搭建需要关注哪些因素？在线英语教学改革引发了师生哪些情感变化？需要哪些情感支持？与在线英语学习效果最为相关的交互手段是什么？

为了回答上述问题，笔者将所任教大学展开在线教学的6位老师和18位学生作为研究对象。试图以多模态话语分析中的情景语境理论为依据，从话语范围、话语基调、话语方式三个方面研究大学英语在线学习模式中，在线英语语言学习者的学习需求、学习动机和兴趣、学业情绪、教师的情感体验、导学教学设计以及导学过程中的交互手段，以便为大学英语在线教学的师生提供参考，有效融合语言和其他相关意义资源，促进大学英语学习者知识意义的主动建构，达到帮助学习者利用语言进行社会交际的教学目的。（见表5-1）

表5-1　大学英语在线学习多模态话语分析维度

话语范围	在线英语导学内容
	在线英语导学设计
话语基调	直播环境下导学教师的情感、兴趣、态度
	直播环境下在线导学课堂学生的情感、兴趣、学情
话语方式	直播平台
	多模态协同

1. 话语范围分析

根据对受访谈学习者英语学习基础和兴趣的了解，加强英语语言基础知识导学是提高在线英语学习者听说读写能力的前提。如何在在线学习中有效引导学习者学习英语基础语法、词汇，是试点教师导学视频的中心问题。多元读写能力的培养模式，我们可以按照新伦敦小组的观点[1]，包含语

---

[1] NEW LONDON GROUP. A pedagogy of multiliteracies: designing social futures[J]. Harvard Educational Review, 1996（01）：15-22.

言模态、视觉模态、听觉模态、身势模态和空间模态五个类别。语言模态包括表达式、词汇、隐喻等模态成分；视觉模态包括颜色、视角、背景化等模态成分；听觉模态包括音乐、音响效果等模态成分；身势模态包括行为、身体形状、手势、感觉、身体动作等模态成分；空间模态包括地理位置、建筑意义等模态成分。对英语语言教学来说，语言模态的作用尤其重要。在线英语导学视频中，需要有机糅合这五种模态。不论是在QQ平台，还是在学校直播平台的导学中，教师讲授英语，听觉模态是主模态；学生看视频，视觉模态是次模态，补充听觉模态，与听觉模态形成协调类非强化关系。因此，颜色、视角、背景化、音乐、音响效果等需要考虑、设计。教师的身体模态和空间模态互为补充，如教师的微笑表情、身体移动、手势、与面部朝向、所站立的位置等模态相辅相成。

数据分析发现，在在线英语导学内容和在线英语导学设计中，教师们对直播环境下在线英语导学设计节点的关注度高于直播环境下在线英语导学内容。首先，在直播环境下，融合英语口语、音频、视频、教师表情、手势、姿势、站位、空间等多种模态的导学设计受到关注。其次，导学设计需要基于国家开放大学学习网上英语资源开展导学，介绍该门课程丰富的网上学习资源等导学内容，并且设计同步指引，为学习者自主学习提供学习支架。导学内容的难易和导学顺序设计也是关注点之一。另外，第一堂课的设计尤为重要，需要不厌其烦地推敲细节，以提高学生兴趣。

从上述分析可以看出，在线英语学习导学支架的搭建需要关注导学设计，注重口语、图像等多模态因素的结合。

2. 话语基调分析

关于话语基调的分析显示，教师视角情感体验高于试点动机。其中，各种情感从高到低排列为：困惑、忙乱、激情、震撼（感动）。造成困惑的因素主要是教学困境和学习成果展示方面。教学困境涉及下列问题，如："导学，我们希望用翻转课堂的方式。但是如果学生不完成学习任务单上的任务，我们的课堂根本没有办法翻转过来""上导学课，问学生什么，他们完全不懂，他们没有去看网上学习资源""有些学生的基础不好，很多基本词汇都不认得"等等。学习成果展示方面的困惑存在于在线教学改革试点结束后期，如在线学习者学习成果展示的方式、时间、展示类型、展示程度等。没有思想准备、找不准在线教学改革定位、资金支持欠缺也是困惑因素。教学任务重、工作量大和科研压力是造成忙乱的主要原因。激情与震撼（感动）的参考点数近似，认为参加在线教学改革是一种挑战，富有刺激、充实感。在试点动机节点中，认为科研、导学并重的参考点数占首位，教师们认为从教学实践中可以获得宝贵的第一手数据、资料，通过对它们的收集、汇聚、分析，可以深化、发展相关理论，教学科研相辅相成，不可孤立对待。而以导学为中心、科研次之的参考点数比其略低。

数据显示，除了人人谈及的相关英语基础、英语兴趣、职业、原学历层次的学情外，学生的学习动机各不相同，但自我提升、交朋友的参考点数为最多，拿文凭、工作需要两种动机排列其后。学生的情感体验（或者称之为学业情绪）中，最重要的是满意，然后是孤独、懵懂。关于在线学习方式评价，总体评价高于其他各项，认为在线学习后，学习效果有提升。面授与在线学习结合更好。从在线师生交互的效果来看，学生表示，在产生疑问的时候与辅导老师通过直播留言板沟通是使用较多的模态。另外，导学老师随和、亲切，是直播课堂上主动回答问题的唤醒因素。对于在线与面授的比较，学生认为应适当增加一点面授。从参加导学的时间和参加导学课堂的主动性（出勤率）两个方面结合起来看，可以发现大多数时候来上课、次次都来上课或者经常上线的约为 11 人；第一学期参加导学视频课的学生数比第二学期多，原因是学校直播平台可以下载、回看，第二学期投入使用后，导学当天不看直播，而进行回看的学生人数占了 2/3。由此，我们得知在线英语导学教学改革引发师生多方面的情感变化。在改革初期、中期、后期需要不同的情感支持，情感关注重点为初期和中期。对导学教师，需为其提供详细的教学设计指导，在制度层面争取一定的时间和资金，缓解导学、辅导教师的困惑和忙乱。而对于学生，在直播环境下的在线导学课堂，应进行多种模态的协同，唤醒学生的兴趣，调动他们的热情，同时提供足够的学习支持服务，减少学习者在线自主学习的孤独、懵懂情感。

3. 话语方式分析

从话语方式数据分析来看，由高到低的排列为：学习任务单、学习设备/学生支持服务（并列）、师生交互、学校直播平台学习感受、QQ 导学视频印象。首先，就学习任务单而言，任务清晰、内容简洁最重要，然后分别是设计友好、任务清单（checklist）、面向学生并以学生为对象、检查评价、翻转课堂。学习设备中，使用台式电脑、手机的人数最多。学生支持服务方面，任课老师拨打电话督促、提醒最多，其次是"学习任务单的编排也是一种学生支持服务"。在学校直播平台学习感受方面中，大多数对QQ平台和学校直播平台（如"雨课堂"）等持肯定意见，同时也有部分同学提出QQ导学视频印象，有点卡、经常掉线等问题。在师生交互方面，从高到低，主要提出了交流不够、老师随和、交流还可以但不是特别多等方面的观点。分析发现，与在线英语学习效果最为相关的交互手段是学习任务单，它是影响在线英语学习效果的一种重要模态。

（三）多模态话语分析视域下的大学英语在线教学模式研究结论

从访谈结果分析，我们发现在线英语学习中，导学视频是重要的学习支架。在在线英语学习模式的情景语境下，除了语言本身的符号系统，与交际活动相关的其他语境因素，如表情、手势、动作、行为和工具性的图画、图像、图形、视频、音频、动画等多符号系统，以及与情景语境相关的因素，如情感、师生交互行为等，共同参与交际。概括起来，根据情景语境中话语范围、话语基调和话语方式的质性分析，导学视频课是重要的、必不可少的一个环节。在搭建导学视频支架时，教师需要关注导学内容的教学设计以及最佳模态、模态组合、协同模态等因素的设计。当描述语言情景时，视频、图像形成的协同运用远比语言形象，其既可以增强意义的表现力，又可以更加清楚地表达意义，效果远比仅仅使用语言更好。模态协同以增强效应为原则，相互互补、协调。因此，在搭建在线英语学习导学视频支架时，教师需要熟悉各种模态的特长和优势，在不同英语交际语境中，选择不同意义潜势的模态协同来实现意义体现，更好地达到英语教学目的。

话语基调的质性分析结果表明，在线英语教学改革引发师生多方面的情感变化。在改革初期、中期、后期需要不同的情感支持，情感关注重点为初中期。研究在线学习模式中教师的情感体验、学习者的学业情绪具有相当的重要性，这些因素不仅在教学层面、知识层面影响着他们的教学技能、认知能力、学习技能，而且直接在身份认同层面影响师生之间的交互效果和教学质量。针对较为突出的情感因素，在教师层面，如困惑、忙乱导致的沮丧；在学生层面，如懵懂、孤独等，应及时寻找解决办法，提供疏通渠道，提升积极情感，鼓励正面情感，将富有激情的老师吸引到在线教学前台，用正能量留住学生，以减少孤独等消极情感，改变学习习惯，提高在线学习的导学效果。

从话语方式的分析结果得知，在线英语学习效果最为相关的交互手段是学习任务单，它是影响在线英语学习效果的一种重要模态。面向学习者设计任务清晰、内容简洁、设计友好的学习任务清单尤为重要。同时，容易登录、进入、回看、下载、网络顺畅的学校直播平台受到学习者的欢迎，他们倾向于参加此类平台上播放的导学课堂。多模态协同已不局限于表情、手势、视频、音频、动画等多符号系统，还延展至其他相关因素的协同。此外，鉴于在线学习者的学情分析，班主任和导学、辅学教师坚持不懈的督促、提醒和人文关怀是减少辍学现象的一种有力的学生支持服务方式。

三、翻转课堂混合式教学模式

信息化时代，教师不是信息的唯一来源，传统的单一讲授模式带来诸如被动学习、学习兴趣低下等问题。面向非英语专业大学生开设的大学英语课程，其学分压缩的趋势与学生对外语学习的高需求与个性化需求之间的矛盾决定了单一课堂教学已不能满足需求。而2014年慕课热潮的衰退证明单一在线学习模式也存在缺陷。作为对单一模式缺陷的回应，混合式教学（blended learning），即课堂面授与在线学习相结合的教学形式，在全球快速发展。翻转课堂是混合式教学的实践方式之一，虽然其在实施中还存在一定的不足与缺陷，但是其在教学方面的优点也是十分显然的。

（一）大学英语翻转课堂教学流程

翻转课堂主要教学阶段包括：课前学习阶段、课堂学习阶段、课后巩固及反思阶段。在这三个环节中，又涉及多个具体流程。下面结合笔者的教学实践，对大学英语翻转课堂教学流程进行介绍。

1. 课前学习流程

通过课前学习致力于促进实现学生的自主、协作学习，让学生掌握相应的知识点，并初步进行新旧知识的联系，对本次学习的重点与难点形成清楚的认识。学习素材是课前学习的物质基础，学生现状则是课前学习的前提条件。要保证课前学习取得效果，需要教师准确分析学生状况，并准备必要的恰当的学习素材。在完成这些基础工作后，学生才能真正进行课前学习。基于此，课前学习分为准备与学习两个阶段。其中：准备阶段以老师为主，体现了老师教学主体地位，而学生的主体地位则主要在学习阶段得以体现。

学习准备环节，首先应该完成的教学任务为：学生现状分析、教学内容设计、学习素材制作与准备、学习小组划分等。学生现状分析主要是对学生前一阶段学习任务完成情况进行总结，全面掌握自主学习阶段的学生状态，包括学习兴趣、学习态度，来分析学生由于接受新知识而导致学习状态发生的变化，同时分析学生在新知识学习方面可能面临的问题、困惑等。其次，根据学生现状，以及设定的教学任务来对教学内容进行设计。教学内容包括明确教学目标、安排学生学习任务、分解知识点、梳理重难点、教学效果评价方法等，并编制相应的教案。在这些工作完成后，根据教案收集或制作供学生使用的学习素材。学习素材包括课件、视频、音频、网络试题以及纸质材料等。最后，划分学习小组。学习小组成员一般3至6人，采用半民主半集中的方式分组。先由学生自愿组队。教师根据学生自愿组队情况，结合学生学习基础、性格特征等，对部分组员进行调整，达到"补差补弱"的效果。由学生与老师轮流选举（或指定）小组长。

完成准备工作后，由老师向学生讲解本次学习的内容、目标等事项，学生进入自主学习阶段。按照流程，自主学习又分为个人学习、团队讨论与（或）师生交流、完成课前作业、课前学习总结与成果形成等。通过课外时间，学生能够进行素材学习。同时也可以自主通过互联网、图书馆等多种渠道自主补充学习素材。团队成员民主协商团队讨论时间、地点、形式。在团队学习中，相互介绍学习经验，对于学习过程中遇到的疑惑进行分析，集体讨论。将经集体讨论依然未获得满意答案的知识点列为疑难点，待上课时由老师指点。视课前作业性质，由个人完成或集体完成，如口语交际作业一般需集体完成。在团队学习中，也可以就作业完成情况进行交流、相互答疑。根据课前学习任务安排，形成相应的成果。在课前学习阶段，老师要密切关注学生学习动态，并通过QQ、微信等及时答疑，帮助学生提高自主学习效率。

2. 课堂教学流程

关于翻转课堂的课堂教学结构，目前尚未有统一的标准。国外翻转课堂教学多采用先学生发言（包括展示课前学习成果、学生或小组代表交流经验与体会、阐明课前学习不明白的知识点等），然后教师点评、总结的流程。笔者在教学中，发现该课堂教学流程并不完全适合我国大学生状况。以往传统教学模式中更多的是采取教师为主导的"填鸭式"教学，学生在学习活动中对教师讲授依然有较高的依赖。因此，笔者适当调整了翻转教学的流程结构，增加了知识讲授环节。具体而言，课堂教学结构流程如下：学生发言、展示环节—老师知识讲授—课堂测试—总结评价。

学生发言、展示环节由学生或分组代表对课前学习情况进行总结与展示。总结主要侧重于不明白或者容易混淆的知识点，并列出相应的清单。同时，组织不同学生团队之间相互点评。学生团队相互点评侧重于优点与不足，要求言之有物，不要空泛而谈。此外，根据课前学习任务和成果的特点，由各团队民主选择本次课前学习成果的优秀奖、最佳进步奖、最佳创意奖等。

学生发言和成果展示完成后，由老师进行知识讲授，因材施教。经过课堂学习，学生具备了一定的知识基础，而且在课堂前半段已经进行了相应的成果展示，因此课堂教学内容并不是纯粹的"全"。讲授内容根据在课前学习、师生互动以及前面的学生发言与展示中所发现的问题，尤其是学生容易搞混淆的重难点展开，讲授更有针对性。对于学生基本已经能够理解的知识点，则不深入讲解。知识讲解完成后，一般有5分钟的课堂测试时间。测试方法既包括传统的"老师问、学生答"、发放课堂测验卷等方式，也包括创新的互动学习活动，比如"你问我答""考考你""知识小竞赛"等。最后，由老师进行总结点评，并布置课后学习任务。

3. 课后学习流程

翻转课堂教学中，就课后学习阶段而言，有利于巩固学生知识掌握。笔者在教学实践中，将课后学习分为学生学习、教师反思两个环节。如已完成计划教学任务，则还要准备下一阶段翻转课堂相关资料。

课后学生学习旨在进一步增强学生对有关知识的认识与掌握，在旧知识基础上有效引入新知识，进而形成有意义的建构。学生课后学习的方式

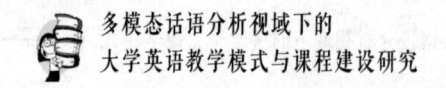

包括：完成老师布置的课程作业、自我练习、参加英语角或者英语社团的相关活动等。其中完成课后作业和自我练习是主要的课后学习方式。课后作业由老师布置，自我练习则由学生自主选择。由于四、六级考试对大学生具有重要的意义，学生自我练习多围绕四、六级考试进行。此外，部分对未来职业有一定规划的学生，也会积极参与学校的英语角以及各类英语社团活动，以提高自己的能力。

反思阶段指的是教师对于整个翻转课堂的实施过程进行分析、总结。教学是师生互动的交流过程。通过教学反思，能够及时发现过程中的遗漏与缺陷，总结经验，以提升下一次课堂的教学水平。反思一般包括：本阶段教学取得的成绩、教学中存在的问题、教学改进建议、学生对教学的评价等。同时，还有必要强化个人专业知识的学习，不断提升业务能力。教学反思后，要准备接下来的教学计划与方案。

如已完成既定教学任务，则开展下阶段翻转课堂教学，包括分析学生学习中可能面临的问题、评价在下一阶段学习中学生是否能够接受翻转课堂并准备相应的课前学习素材等。

（二）翻转课堂在大学英语多模态教学中的运用价值

翻转课堂在大学英语教学中具有十分明显的运用价值，具体如下。

1. 针对性增强

在大学英语教学中使用翻转课堂可以提高听力教学的效果。传统教学模式中英语听力部分主要是教师放录音、学生听，在反复收听中提升学生的听力水平。学生在训练的过程中往往会感觉到十分乏味无趣，而且这样进行听力训练浪费了大量的时间，教学效果也十分不理想。传统的听力教学往往对学生的基础要求很高，很多学生会因为跟不上听力的进度而导致跟不上教学进度，当学生跟不上进度时，时间一长就会对英语失去兴趣。翻转课堂的教学模式改变了这一现状，学生可以通过网络平台进行听力知识的学习，而且可以利用课下的时间来进行自主学习。对于那些基础比较差的学生，可以根据自己的情况来进行听力内容的选择。在进行听力练习的过程中，学生也可以根据自己的实际情况来自定学习进度，如果学生的基础相对较差，那么可以多听多练；如果学生的基础比较好，则可以通过选择难度比较大的材料来提升自己的听力水平。利用翻转课堂的教学模式可以使不同基础的学生都能够得到相应的提高，在此过程中也能够通过学习发现自己在英语学习中存在的不足之处，通过平台可以有针对性地加强学习，进而达到提升学习效果的目的。

2. 互动性增强

大学英语教学中使用翻转课堂模式可以使学生真正成为学习的主人，让学生可以完全地进行自主学习。学生可以在教学平台上自主地去选择相应的学习内容，而且在平台上可以与教师随时随地地交流，不受时间和空间的限制。在翻转课堂应用的过程中，教师扮演的角色是指导者，当学生遇到困难时可以与教师交流，教师进行指导。通过这种交流方式，学生提升得更快，而且这样的互动可以提高学生的积极性和主动性。学生与教师交流的过程也是主动思考的过程，学生的思维能力和判断性也会得到相应的增强，能够更好地完善自己的知识结构，进而达到好的学习效果。

3. 教学资源更加丰富

翻转课堂教学模式能够丰富教学资源，而且学生使用的教学资源也相对公平一些，学习内容可以自主选择，充分体现了公平性。在传统的大学英语教学模式中，其实好的教学资源应用的范围是相当有限的，有些好的学校教学资源非常好，而相对差一点的学校或者偏僻一点的学校则资源就相对差一些了。由于教育资源的不平均，会使一些学校因为没有优秀的教学资源而不能很好地提升教学水平。翻转课堂的应用改变了这一现状，高校可以利用平台内容丰富自己的教学资源，学生也能更大范围地进行英语知识的学习，教师在教学中也可以运用比较先进的教学方法和教学资源给学生更大的提升。

（三）多模态话语分析在大学英语翻转课堂混合式教学中的应用

多模态具有聚集多种模态的共用特征，它可以充分利用所有新媒体来参与交际过程，进行即时传递，也可以使信息全方位地传递。多模态交际在翻转课堂中的混合式应用，提高了教与学的系统性和整体性。

笔者试图从课前、课中、课后三个阶段，结合大学英语翻转课堂混合式教学在教学环境、教学条件、教学程序、教学内容、教学方法和教学手

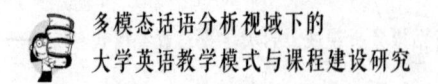

段等方面的特点,探讨如何在翻转课堂中构建多模态话语分析。

1. 课前

混合式教学模式,顾名思义就是将几种教学模式结合起来,共同运用于教学实践中,把慕课或微课和翻转课堂教学相结合的混合式教学模式。微课是指根据新课程标准,结合课堂教学实际,以教学视频为主要形式,记录教师在课堂教学中针对教学环节或某个知识点而开发的精彩的教与学活动。[1]而慕课精致的讲解和多模态交际有助于学生在课前更好地完成语言知识输入。[2]

教师制作微视频前,应根据主题内容,整合出重要的语言知识和文化技能,为微课制作提供素材。例如,教师根据课文选题,做成一个10至15分钟的集图片、动画、声音、画面、讲解和知识于一体的微课视频。在此语境中,模态的变化主要表现在话语方式、动作、手势、身势、行动等和工具性的图像、动画等,将参与交际的符号系统从语境转化为模态,体现符号的交际意义。教师在制作和设计时,通过视觉、听觉等多模态层面,以背景颜色和文字的字体、大小、颜色等因素为载体,吸引学生的注意力。

2. 课中

翻转课堂基于网络自主学习平台,倡导自主创新、个性化学习和兼容并包的理念,具有强烈的时代特征。在导入环节当中,根据教学目标,教师可以安排学生了解与学习主题相关的政治、经济、文化背景,通过网络和其他渠道收集相关图片、音频和视频等并展示给学生,从而对课文主题有更深入的了解;针对课文主题中有争议的话题,教师可以让学生进行辩论,培养学生的交际能力;或让学生根据兴趣和能力,选择独立或是合作完成与课堂相关的学习任务;或采取撰写读书报告、情景模拟对话、role-play 等形式。

教师的核心内容讲解分为三个阶段。第一阶段是学生开展组内协作,完成小组任务。教师可以在课前布置任务,让学生在课前学习微视频,使

---

[1] 胡铁生,黄明燕,李民. 我国微课发展的三个阶段及其启示 [J]. 远程教育杂志,2013(04):36–42.

[2] 应春艳. 基于MOOC的大学英语教学对高等教育教材出版的启示 [J]. 科技与出版,2015(09):111–116.

学生对课文有一个整体理解，并在课上检查课前学习效果。第二阶段实施教师点评、小组汇报与交流。在这个教学环节，需要给学生提供参与多模态构建实践的机会。例如，教师使用包含文字、图片、音频等多模态课件进行授课；或将学生分成3至6人的学习小组，要求学生课外查找、选择和阅读相关文献，合作编写PPT并进行课堂展示，提高学生的创造力、合作解决问题的能力和口头表达能力，演示的课件与课堂展示作为平时成绩的一部分纳入课程总评考核。此外，授课教师可以给学生布置和教学内容相关的课堂作业，学生可以展开讨论，两两练习，全班交流，表达自己的思维方法。第三阶段由教师总结、补充。教师对各小组讨论问题的表现和解决问题的方法、能力和答案做简要的点评，可以用口语、书面语、手势语几种不同的模态进行，整合了多种教学资源，尤其注重PPT、图片、文字、教师讲解等多种模态的切换使用。

教学和学习任务是由教师和学生的一系列行为和行动实现的，如话语、书面语、动作、PPT、黑板、教具等。实际上，这些行为和行动都在进行意义交流。"每个符号系统最终体现的都是意义。所有的行为、行动都成为体现意义的形式和媒介。"[1] 同时，它们不是任意无序的发展，而是按照体裁结构潜势确定的阶段和步骤，形成课堂教学的体裁结构。它们分别在交际过程中由不同的符号系统和媒体系统体现，成为多模态话语。[2]

3. 课后

为了提升学生学习的主动性，在翻转课堂的课后阶段，教师根据学生反映的理解不到位或重难疑点设置网络测评，学生完成相关的在线测试活动。学生的完成情况若未能达到教师的要求，系统就会结合学生出现的问题自动提供相关的视频材料，并就学生的作业完成情况进行评价。教师为了及时掌握学生的情况，应将其学习中存在的问题进行梳理、归类，把握主要问题，帮助和引导学生完成学习任务。

---

[1] HALLIDAY M A K. Language as social semiotic: the social interpreta-tion of language and meaning[M]. London: Edward Arnold Publishers, 1978: 59.

[2] 张德禄. 多模态话语的文化语境——社会符号学视角[J]. 天津外国语大学学报, 2016 (06): 6.

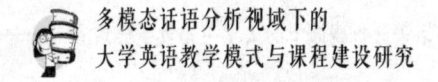

四、游戏化教学模式

游戏化教学模式在大学英语课程教学中的应用是一种新的教学尝试，是一场信息技术与大学学科课程整合的实验，其目的是探索出信息技术与课程教学深度融合的有效模式和方法。因此，游戏教学中需要合理使用各种各样的包括动画、视频、音频、网络教学资源等多模态游戏化元素作为教学素材。通过文化层面、语境层面、意义层面、形式层面和表达层面的多模态话语分析，以视觉模态（如图像、文字、视频、PPT等）、听觉模态（如音频、教师口语）等形式在大学英语教学中合理展现，为学生创造良好的多模态环境，将学生的感官充分调动起来，促进学生进行全方位的英语学习。在教学过程中开展游戏化教学，具体实施步骤如下。

1. 教学目标的分析与设定

（1）教学目标

第一，了解文章背景及其作者信息；第二，理解文章的主题和结构；第三，理解文章的主要信息；第四，掌握阅读技巧；第五，掌握本文的重点词汇和语法结构。

（2）教学重难点

第一，重点是语篇的主题和结构；第二，难点是阅读技巧、重点词汇和语法结构的掌握。

2. 游戏化教学任务情境创设

（1）自主探究问题

学生课前查找相关资料，课堂上对文章的相关背景知识进行介绍，利用PPT进行演示。

（2）合作参与任务

教师根据语篇内容和教学目标设定问题，学生通过小组合作尝试回答老师提出的问题。

（3）游戏任务确定

若干人为一组，按照任务要求进行游戏竞赛或开展信息加工处理。

3. 游戏化任务实施

在游戏化任务阶段，教师的主要任务是设定"关卡"。具体来说，就是要根据文本内容，提出探究性问题，实施步骤如下。

（1）信息采集

以小组为单位，根据语篇结构和语篇内容，收集信息。

（2）分析处理

根据老师提出的问题和要求，将收集的信息进行分析处理。

（3）形成方案

对每一个"关卡"的不同问题制定解决方案。

4. 游戏化教学效果评价

游戏化教学的实质是是否完成教学目标，主要从以下三方面来评价。

（1）知识掌握

对于语篇的结构和内容以及重点词汇和语法结构的掌握。

（2）交流共享

学生以小组为单位进行合作探究和交流共享，形成新的知识结构。

（3）个人表达

主要是鼓励学生们将学习体验的心得说出来。

5. 能力迁移应用

（1）问题解决能力

如：Make a brief and clear summary about ... discussed this lesson.

（2）能力迁移应用

如：① Find the information about ...

② Use the skill of ... to do some works

③ Try to explore the theme of ...

④ Give an introduction to ...

五、对话教学模式

在大学英语对话教学中运用多模态教学，以活动为载体，将所学过的碎片化知识有机整合，通过任务驱动，使学生在真实、有趣的语言环境中进行师生对话、小组活动、个人交流等多维互动，实现学生对所学知识的整体认知，帮助学生在已学的知识中建立联系，发现规律，同时这也是教师对学生学习策略进行引导，给予学生充足的语言支持和运用的时间，不但语言操练面广，练习次数多，而且还调动了每个学生的积极性，使不同层次的学生都能得到锻炼，最终实现语篇的对话和交流。笔者以多模态视角下大学英语口语教学为例，探讨多模态话语分析如何促进大学英语对话教学的发展。

（一）多模态英语对话教学调查设计

1. 多模态英语对话教学调查设计

笔者以所任教大学非英语专业大二的两个本科教学班为调研对象，通过多模态话语分析在大学英语对话教学中的应用，研究多模态话语分析如何促进对话教学的发展，实现教学相长的目的。两个教学班级为随机抽取。其中实验班有 31 名学生，女生 26 人，男生 5 人；控制班有学生 30 名，女生 26 人，男生 4 人，年龄基本在 19 至 20 岁之间。两个班级均由同一名教师任教。实验前，笔者对学生的英语口语学习情况进行调查了解，发现两个班级的学生之前均没有接触过系统、正式的英语口语学习与训练。

由于多模态对话教学要求教师能够在教学过程中实现多种教学手段和方式的最优化配置，促使教学目标的顺利，因此在实验班教学中学生在口语学习过程中积极利用模态的相互转化进行口语输出活动，其中包含从听觉模态到口语模态的转化，从视觉模态到口语模态的转化，以及其他模态的相互转化。实验班学生的座位不同于传统整齐的座次，而是采用多个同学围成一圈的座位形式，方便学生之间进行互动与讨论。

所有教学模态的选择都遵循张德禄提出的三个原则[①]：有效原则、适配原则、经济原则。具体来讲，有效原则要求教师在教学中能够有效地利用不同的模态调动学生积极参与学习、传授知识，防止使用过多的消极模态干扰学习效果或者增加学生的认知负荷。适配原则要求教师杜绝传统教学单模态从课程开始到结束不间断的使用，以防学生产生感官疲劳，要求不同模态之间应该相互配合、相互平衡，从而促进师生间顺利进行多模态互动。经济原则要求教师在保证教学效果的前提下，能够利用比较方便使用的模

---

① 张德禄. 多模态话语理论与媒体技术在外语教学中的应用[J]. 外语教学，2009（04）：15-20.

态符号来实施教学。

对照的控制班则采取传统的对话教学方法，即口语教学过程中仍以教师讲解书本知识为主，学生则处于单向接受知识的地位。教学过程中模态使用较为单一，学生和教师之间的互动形式主要以传统的口语模态为主。师生之间缺少多模态形式的语言输入以及口语输出活动，模态转化实践活动少。教学中很少利用多模态手段营造良好的学习氛围，较少调动学生多种感官参与学习，学生缺少参与口语学习的热情以及表达思想的欲望。总之，教学以教材内容为依托，教学模态单调，以教师单模态的口语教学为主，学生也以使用单模态口语参与教学互动为主。

为了考察一学期的多模态对话教学是否对学生的英语口语水平产生影响，实验班每节口语课都会结合使用与本单元主题相关的图片、音频、视频、PPT、校园网资源等多模态资源，试图为学习者创造一个相对和谐、轻松、真实的口语环境。控制班则采用以教师为中心的传统模式进行教学，学生进行常规的口语实践活动。多模态对话教学主要以图像、音频、视频等模态来建构一个以图促想、以听促说、以视促练的多种模态相互之间转化的教学模式，具体包括以下19个步骤。

主题导入：展示多个与教学单元相关的图片，自然引发学生进入主题。

主题热身：通过图片引发学生进行联想或想象。

图文简述：学生用英语对图片简短描述，注重词汇、句法输出的规范准确性。

前期反馈：教师指出学生回答过程中出现的词汇、语法等语言错误并予以纠正。

词汇提供：教师将自己提前准备好的词汇呈现给学生，扩大学生的词汇量。

内容呈现：教师呈现教材中的重点词汇、短语、小短句。

跟读练习：教师带领学生大声朗读这些词汇、句子，注意语音语调。

音频导入前：教师介绍背景，方便学生听懂材料。

音频导入中：学生记录听到的信息点，如关键词汇、数字等。

音频导入后：组内成员互相分工合作，配合完成整个听力内容的阐述。

第二次导入：如果学生没有听懂，则进行二次播放音频（听懂则不用）。

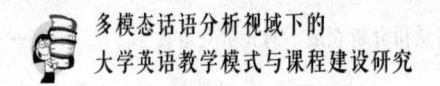

音频文本呈现：通过呈现听力原文，学生补充遗漏的信息。

音频文本领读：学生再次跟随教师阅读听力文本，掌握发音的方法和规律。

问题回答：根据音频内容，教师呈现问题，学生做出回答。

视频呈现：教师呈现相关教学视频。

学生配音：将视频静音，学生进行配音练习。

视译练习：学生进行口头双语互译，提高语言准确性。

任务布置：制作多模态 PPT 以加强课内学习效果。

多模态报告：学生扩展延伸主题，制作多模态形式的汇报，并于下节课前展示。

2. 多模态英语对话教学案例

笔者以《新视野大学英语视听说教程2》（第三版）中 Unit5 的 "Urban Pulse" 为教学案例，说明在英语口语教学中应用多模态的教学效果。实验班级的具体教学环节如下。

课前：呈现与主题相关的词汇。词汇被认为是英语口语表达的基石，词汇掌握不好意味着学生将无法开口讲英语。学生的词汇掌握效果一般不佳，对很多词汇的认识也仅仅处于再现认知阶段，这些词汇未能转化为头脑中的积极词汇，因此导入阶段应该将这些单词采用模态化记忆，具体是将这些词汇与对应的语境结合起来予以识记学习，多模态的图片与文本互动能加深学生对于词汇的记忆水平。张德禄认为图片和文本的结合有利于抓住学生的注意。[1]

教学班级所有的学生按照五人为一个小组进行分配，教学实验过程中小组成员数量保持一致。教师每节课通过多模态组合素材显示教学内容，教学素材尽可能贴近学生熟悉的场景，通过多媒体图片生动形象地导入教学主题。展示图片的过程中，教师应充分地认识多模态教学理念，图片的作用不单纯在于展示，而应该同时通过教师的简短介绍形成对图片的初步认知，概括形式一般以小标题的形式出现。教师结合图片完成概括后，也并不会就此结束。在多模态教学理念指导下，教师应该充分调动学生感官

---

[1] 张德禄. 多模态外语教学的设计与模态调用初探[J]. 中国外语, 2010（03）: 48-53, 75.

的瞬时捕捉性,此时借助PPT文字跳动的功能,将刚刚的口头概括以语用文本标题的形式呈现于图片下方,这样不仅使学习内容一目了然,同时在课堂引导的过程中加强了学生的输入性理解。这个阶段后,教师要求学生发挥自己的想象力,为每幅图画概括出小标题或是小段落。这样做的目的是使学生体会到情景的真实性,引导学生培养语言能力,提高思维能力以及团队合作的能力。

课中:传统的对话教学缺少有意义的教学输入,输入内容一般比较干瘪,没有具体的使用背景,这样就导致学生不是在练口语,而是在机械地学习词句,在实际情况中无法积极使用。如果此时再一味盲目地要求学生进行输出活动,学生则很难提高英语口语能力。学生口语表达的积极主动性没能调动起来,口语学习方式没有改变,口语学习效果自然大打折扣。因此,教师要有多模态口语教学的理念,在这个阶段通过播放音频来调动学生进行口语输出活动。当然,口语中的听力不同于听力教学中的机械的听,教师这个过程应该积极使用多模态的策略,听前为学生提供音频中重要的信息、关键词汇短语或是必要的背景知识,以便为学生接下来的口语输出提供必要的帮助。这样的听说模态结合是在一种有意义的多模态环境中进行的,学生的积极性因此也能够被调动起来。

课中使用的视频流也往往因为其独有的优势而备受学生喜欢。视频流可以融合多种模态。视频中的图画不仅可以为学生提供一个完整理解语意的环境,还能够调动学生大脑中客观实景的形象性,虚实画面的结合能够产生较好的整体效果。英语口语课上通过播放带有字幕、声音、图片三位一体的多模态影像资料,能够充分调动学生的感官互相配合,促进学生学习,调动学生课堂参与的积极性。这一环节一定要充分地挖掘和体现视频流影视资料的作用。视频播放完毕并不意味着教学任务完成,学生此时也许并没有充分理解教学材料所要传递的信息,教师应该进一步考查学生是否有所收获。考查的方式主要是分组对视频内容进行叙述或是展示,教师也可以在此环节重放刚才播放的视频,将其调为静音模式,只呈现出画面与字幕文本,学生配音。

课后:这节课主要涉及有关城市生活中的社会问题,非常贴近学生的日常生活,真实度高,因此教学可以充分挖掘主题思想,通过一系列的问题启发学生对城市生活的认识发表看法，阐明原因，例如对不同城市的介绍，生活在大城市和农村的优点和缺点，自己的选择及其原因等。这些交际活动都要使用英语进行表达。多模态的作业布置也是必不可少的。成功的教学不仅要充分利用好课堂教学时间，还应该给学生布置必要的作业任务，做好课堂延伸，例如要求学生课后利用已有的知识，根据教学中的互动内容，积极制作更多其他关于该主题的多模态 PPT，并在下次口语课进行抽查与课堂演示。小组内有意义的语言互动能提升学生的思维，促使学生产生情感共鸣，切身感受到英语口语课的目的不仅仅在于培养语言使用技能，更是与生活的方方面面紧密联系。小组讨论有益于学生之间各种思维的碰撞，培养小组合作精神，讨论结果应以组为单位进行课堂展示。

（二）多模态英语对话教学调查结果分析

1. 控制班和实验班级英语口语各项成绩前、后测的比较分析

实验班在语言内容、语言准确度、语音内容这三方面均有显著提高。控制班在语言内容、语言准确度、语音语调方面也有提高，但是提高幅度较实验班偏小。

（1）实验班和控制班口语总成绩前、后测的结果分析与讨论

通过对两个班级的口语测试结果进行分析，笔者发现两个班级在实验后口语水平存在着显著差异，即一学期的多模态口语教学实验对学生的口语总成绩产生了显著影响。成绩是教学效果最直观的反映形式，学生在多模态课堂中取得进步，究其原因可能有以下几点。

第一，在传统的英语口语教学环境中，教师过分注重教材上的语言知识，轻视实际使用的场合和环境，结果是学生积累了大量的句子，但由于缺少对口语表达环境理性的认识，不能完美地在实际生活中将这些句子使用出来。即使能够在现实生活中使用这些语句，也存在着严重的机械套用现象。多模态口语教学可以极大地改变这种现状，能够颠覆传统的机械学习式讲解，避免学生消极参与，强调通过不同模态的转化调动学生的感官参与有意义的学习，强调通过多模态创设真实的语言学习环境进而促使学生互动合作学习语言，因此学生的整体学习效果较好。

在多模态口语课堂中，利用音频模态能够唤醒学生的听觉，学生通过

口语课上多模态音频的播放更好地参与课堂学习。在听力或者视频的播放过程中,学生动手做笔记,一定程度上使触觉也参与到学习的过程中,多种感官被同时调动有利于学生注意力的集中。教学输入中视觉、听觉模态的融入,大大激活了学生头脑中语言使用的范围和情景。此外,小组多模态互动的活动形式,如角色扮演、小组讨论、小组汇报等,都可以帮助建构多种话语情景,学生之间的多模态互动也能够弥补传统教学中口语信息结构单一、学生仅仅依靠想象进行表达的局面。口语表达机会增多,学生之间的相互交流增多,口语的质量也会进一步提高。

多模态对话教学结合多种模态输入的方式,突破了传统课堂中老师单一的口语模态的限制,创造性地将视觉输入合理应用于口语教学,实现文字、图片、音频、视频等视听觉模态共同融合的输入,为学生提供了优质的语言输入模式,激发了学生的情景思维和想象能力,进而帮助学生提高主动应用英语的意识和技能。

第二,口语的学习过程是各种感官协同合作、共同参与的过程。多模态对话教学能充分调动学生的视觉、听觉、触觉等感觉,使学生全面参与教学过程,从而取得良好的教学效果。传统的对话教学因为教材本身过于理想化的内容而饱受诟病,多模态的口语教学能够拓宽教材的范围。多模态符号资源能够帮助学生建构意义,扩充表达方式,从而有助于学生更好地理解口语表达的实质,积极利用好辅助口语表达的方式。学生口语学习的热情提高,其学习效果也会进一步提高。

第三,外语学习要求综合提升学生在听说读写译等方面的技能。英语口语作为最能直观反映学生综合技能的重要指标之一,要求学生能够流利无误地与外界在不同的场合进行沟通和交流,具有较高的实战性。在多模态英语教学中,学生能够在比较自然的环境中学习,各种模态符号也能够直观地建构意义,突出情景和语用范围,促进更多的语境化输入。传统的口语教学在这方面则略显不足,学生难以扩大交流的范围,口语输出往往干涩。传统教学模式下学生交流的范围受到限制,影响了中介语到目标语的转化速度,而多模态的教学环境可以促使学生交流语境的延伸和扩展,和现实相仿的模拟情景也能够帮助学生自然习得语言技巧。

(2)实验班和控制班语言准确性成绩前、后测的分析与讨论

实验结果表明,两个班级在该维度存在显著差异。这一结果与之前相关的研究结果基本能够保持一致,说明多模态口语教学在提高学生口语能力方面,尤其是语言表达准确性方面有比较突出的优势。虽然在后测的过程中,我们发现学生在这部分依然存在一些语法、词汇应用上的不当,但相对于之前的口语水平已经有很大的提高,即使存在些许的错误,但并没有影响学生正常的口头表达。学生的语言使用相对来说也较为得体恰当,能够使用较多精彩的词汇,词汇基础相比之前有明显的提升,有些学生甚至能够利用一些近义词或是同义短语作为交际补充,为自己拓展出更多的表述空间。高级词汇的运用、词汇的联想运用等都说明这学期的多模态口语教学逐渐培养了学生使用不同的词汇与方式来阐述观点的意识,这在前测中几乎是很难看到的。学生在前测中使用的词汇基本都比较低级,准确性不高,语义表达不贴切,严重影响了正常的口语交流。对以上结果进行分析,笔者认为原因如下。

第一,多模态话语理论认为,图片能够帮助人形成意义建构,方便人类交流,强调传统意义上被忽略的声音、颜色、影像、图片等多模态符号也是人们能够进行意义建构的重要符号,起着和语言等同的作用。在口语教学中,教师可以用图片、声音等多模态符号为学生创建自然的、接近实际生活的情景,能够给学生提供最直观的视觉刺激。学生在这个过程中可以通过视觉刺激而产生更多的意义符号,而将这些意义符号进行表述的过程即是更多语言生成的过程。

多模态口语教学倡导在教学的各个环节融入多模态符号,目的是调动学生的多个感官,加强学生对教学内容的认识、记忆以及理解。在传统的以教材为主的口语教学中,学生往往由于缺少真实的、激发思维的环境,积极性很难被调动起来,口语输出的效果不好。而多模态的口语教学则非常注重课堂的设计,以调动学生的语言积极性和学生的语言使用为目的,培养学生形成想象、加工、创造、判断的能力,同时引起学生对话题的共鸣和兴趣,实现真正意义上的口语能力的提高。

第二,多模态对话教学并不是简单地使用多媒体进行辅助教学,也不是利用多媒体机械地播放传统教学内容,而是多媒体教学在理论层面和实

际教学应用中的深化。多模态教学中的图片展示并不是单纯地借助图片来进行教学导入，而是积极地利用多模态符号帮助建构意义。不同的个体与多模态符号的互动方式不同，因此图片被赋予了更重要的教学任务。具体讲，这个环节的作用是引导学生对图片进行思考，发散思维，深度分析，在这种人与图的互动中形成对图片的理解，即意义的建构，进而通过口语模态符号将这种意义再现。

沃伊[1]认为好的语言学习环境能够提高学生话语的创造能力。学生对由图片引发的联想或是图片本身进行小标题概括或是段落表意，教师则对学生表达中较出色的行文、词汇、短语进行记录并分享，同时给出自己的版本便于与同学进行对比、参考，帮助学生增加语言表述的多样化和提高准确度，使学生能够快速地从大脑中提取适合表述的关键信息和词汇。

第三，多模态对话教学是教师、学生与多媒体三位一体、深度融合的教学模式。教师需要主动承担更多的责任，也需要花费更大的精力。在多模态口语教学中，教师应该借助多媒体整合各种多模态学习资源，其中包括音频、动画、视频流、纸质资源、网络英语学习软件、多模态教学素材等，这在一定程度上改变了传统口语教学中课本材料覆盖少、交际程度低的教学模式。只有通过实现教学资源的优化配置与整合，促进教学中多模态之间的互动转化，增加各种模态的相互融合，学生才能利用模态转化创造出更多的词汇短语表达方式，形成更多的口语实践。同时这一过程需要教师对学生的口语词汇进行更多的反馈，包括对词汇短语的高级替换、对语法的纠正、对句式的调整，以便真正培养学生英语口语表达的思维习惯。

第四，多模态的对话教学形式不仅给学生提供了丰富多样的、与现实生活密切相关的口语表达，而且学生之间的相互讨论也能够进一步帮助学生加深对词汇学习的记忆效果。多模态课件具有比传统教学单模态更多的优势，因为多模态课件可以将文字、图像等结合为一体，能够传递更多的教学信息。教学方式的多样化能够吸引学生的注意力，能够调动学生的多种感官协同工作，进而加强学生的思维能力。学生词汇积累的覆盖面广，有利于提升学生的思维能力，让学生有话可说，有章可循，帮助提高使用

---

[1] WRAY A. Formulaic language and the lexicon[M]. Cambridge: Cambridge University Press, 2002: 95.

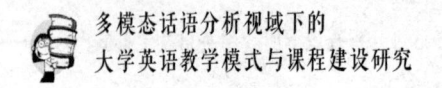

语言的准确度。此外，多模态化口语教学可以为学生提供更多的机会和语用环境来练习口语，鼓励学生不断形成个人的思想体系，发展个人的语言风格。

（3）实验班和控制班语音语调成绩前、后测的分析讨论

实验班学生在语音语调方面的成绩均高于控制班学生，两个班级在该维度上存在显著差异，证明学生发音的总体情况还是非常令人满意的。原因如下。

第一，多模态英语对话教学使得语音语调的学习不再是枯燥无味的，不再是跟随教师或者外国人机械地模仿与纠音，而是教师与学生共同参与语音语调的学习，老师带领学生一起就某一段语音进行深度模仿。学生在模仿的过程中要求和视频中的语音语调尽可能保持一致，在有些情况下，甚至要求学生进行原声同步模拟，做到如出一辙。模拟结束后，教师要求学生以小组为单位，互相指正彼此与原声语音语调的出入和差别，从而继续进行下一轮的视听学习。这一过程还潜移默化地培养了学生使用英语思考和交流的能力，使他们能够从大脑中快速提取合适的表达。

第二，多模态的对话教学模式为学生提供了全方位语音训练和思维训练，使他们能够轻松融入情景，不再缺少语言学习的环境与氛围，开口说英语的欲望进一步增强。原汁原味的视频能激发视觉模态和听觉模态的结合，使口语抑扬顿挫的感觉更加明显。视频模态的出现让学生不自觉地调动多种感官进行模拟训练，大量的、反复的练习使学生的语音语调基本上达到标准程度。此外，科技的发展使得学生可以在手机上下载英语配音、英语口语模仿等口音学习软件，通过这些软件中自带的纠正语音功能，学生可以利用课余时间强化口语练习。

第三，行为主义教学理论认为，刺激是语言学习中不可或缺的重要条件，外语学习在他们看来，就是不断建立联结的过程，即刺激—反应行为的建立与形成。多模态口语教学中图像和声音信息的共同刺激长时间地作用于学习者的感觉器官，条件反射机制就可以建立。多模态对话教学发挥多媒体技术集成的特点，融入图像、声音、文字等刺激学生的感觉器官，多个感官受到反复刺激后，对学生产生潜移默化的影响，形成良好的语感。而良好的语感正是口语表达中提升语音语调的一个重要前提条件。

第四，传统口语教学中较少注重对学生语音、语调、语感的培养，语音的训练指导也一般以老师为权威示范，学生则跟读纠正。这种训练模式最大的问题在于很多老师自己的语音都不太地道，使得学生在语音的掌握上也是事倍功半，严重影响了学生正确语音、语感的培养。语音训练如果缺少真实材料的支撑就会显得十分机械无效。很多学生练习语音的材料是独立的单词或句子，这种单调的练习容易让学生滋生厌倦情绪，从而使语音学习的效率偏低。多模态对话教学能够完美地解决这一问题。多模态口语教学能够提供地道纯正的英语口语环境，将单个语音纳入有意义的系统中才能全方位地调动学生的学习兴趣。学生在这种有意义的语料环境中能全身心地融入，容易掌握发音方法，进而培养良好的语言感悟能力。

第五，多模态性质的视频输入材料能让学生进一步体会到真实语言环境下的语音，而不是传统教学中所倡导的固定机械的发音模式，是真实感强烈、表现力丰富、灵活富有张力的语音模式，是将情感和感官配合融入英语学习的一种轻松的教学模式。多模态环境下的语音教学以英美国家本土人的语音为特色，克服了口语学习中因缺少环境而造成发音晦涩难懂、汉语口音浓厚的现象。高质量多样性的英语输入使得学生容易融入和接受，语音语调总体看来有很明显的改善。多模态的口语教学可以为学生创造一个优质的语音学习环境，帮助学生调动多种感官参与学习。

第六章 多模态话语分析视域下的大学英语课程体系建设

大学英语课程体系建设是大学英语教学改革的重要组成部分，只有设计合理、实际操作性强的大学英语课程体系才能够满足目前大学英语学习的目的和要求。大学英语教学不应仅仅局限于大学一、二年级学生，更不应该只开设听、说、读、写、译等技能培养课程，应将技能培养与知识传授融为一体，只有这样才能真正实现《大学英语教学指南》提出的培养学生英语综合应用能力，特别是听说能力，使他们在今后的工作和社会交往中能用英语有效地进行口头和书面的信息交流，同时增强其自主学习能力、提高综合文化素养，以适应我国经济发展和国际交流的需要这一目标。应树立因内容而异和因人而异的"因材施教"的教学观，避免过去教与学双方的急功近利——忽视基础训练、能力培养而重应试技能训练，揠苗助长，冲击正常教学秩序的现象。同时，此种教学体系在实践中注重整体性，并给予同等注意力；强调个体差异性，即关注每个人的不同特点，因材施教；突出实践性，培养每个人解决现实生活中实际问题特别是难题的能力、发现新知识的能力；重视开发性，发掘个体的内在潜力，不断提高每个人的英语及其他方面的发展水平；为一部分成绩优秀、学有余力的学生开辟了广阔的学习天地，为后进学生能够循序渐进、打牢基础提供了良好的学习条件，增强了学生学好外语的信心。

本章主要探讨多模态话语分析视域下的大学英语视听说课程建设、读写课程建设、教材建设、师资队伍建设和课程资源建设。

一、视听说课程建设

（一）英语视听说多模态教学的必要性

从语言学角度讲，真实语境中的交际并不仅仅依赖于听觉这种单一的模态，还取决于交际双方是否调动其他感官，多方位、多模态地进行交际。其中，视觉对于图像、肢体语言、面部表情等其他非语言交际符号意义的构建具有重要意义。因此，作为视听说训练场所的课堂，既要调动听觉来捕捉语音符号的意义，还要调动视觉来观察图像等交际符号，甚至要启动嗅觉、味觉等来辅助捕捉交际符号。可以说，视听说需要启用多种模态才能成功完成信息的获得、提取与表达。

从文化角度讲，当前社会多元化文化互相交流、互相渗透，在真实交际语境中会出现各种英语变体，如印度英语、澳大利亚英语等，即便是英语国家，不同地区的语言也会有不同的地域特点，类似于中国不同地区有不同的方言一样。如果我们训练过程中仅仅训练听觉，就难以达到识别各种文化差异的需求，难以从容应对交际实践。因此，视听说训练只有充分调动学生的各种感官认知能力，才能提高多元文化识读能力。

（二）大学英语视听说多模态教学实现途径

语言习得的过程是对输入信息的感知、理解、存储、输出等认知处理加工的过程。目标语言的输入和输出是语言习得必不可少的两个步骤。当学习者有足够的目标语言输入时，语言学习就可以发生。如果是口语输入，它可以发生在交互语境中或发生在话语中。输入的理想情况是：所有层面的材料能够提供丰富且广泛多样的真实输入。除输入外，输出也能促进语言的习得。大学英语视听说课堂中要提高学生听说水平，既要保证多元化的教学资源输入，又要保证多元化的资源输出，这就需要构建多模态教学模式。

1. 营造近乎真实的语言习得环境

情境认知理论强调，语言学习者在真实或近乎真实的情境中，能通过语言实践活动获得知识与技能。该理论指出了语言习得的首要条件——语境。语言习得讲求科学性、实用性，塑造真实有效的情境和语言环境显得尤为重要。如何在课堂中塑造近乎真实的语言环境也是视听说课首先要解决的问题。课堂上虽然不可能塑造真实的社会交际环境，但以多媒体技术为载体，集文字、图像、视频、音频于一体，把静态的资源和动态的资源融合，能够给学生全方位、多感官的体验，创设尽可能真实的语境。逼真的语言习得环境能够充分调动学生的视觉、听觉、触觉等多种感官，促使学生积极思维，实现立体化教学。

2. 教学内容多模态化

除了语境，语言习得还需要大量的语料积累。英语视听说课程内容广泛，涉及日常生活和工作的方方面面，只有大量的信息传递才能满足课堂的语料需求。多模态的教学内容应整合与主题相关的教材、随书光盘、音频、视频资料、网络资源等教学资料，进行资源的优化配置，使教学内容具有系统性、实用性、多样性。课堂实践证明，将原版影视片段、英文歌曲引进视听说课堂会产生良好的教学效果。将原版影视片段作为一种特殊的英语教学资源，能够提供大量原汁原味的语料素材，既可以作为学生听说练习的材料，训练学生的语音语调，提高学生听说水平，又能提高学生的文化素养，可谓一箭双雕。

3. 网络平台的建设和应用

信息时代，利用网络构建多模态教学方式，并应用于英语视听说课堂中是实现多模态教学的重要途径。教师可以搜索最新讯息来充实授课内容，使授课内容更加丰富，更加实用，从而弥补课本内容的不足。学生可以通过QQ、微博、博客、英文网站、E-mail等网络交流平台加强学生之间和师生之间的交流。教学实践中，教师可通过英语学习网站的建设提供英语学习和信息交流的平台，登录平台后学生可以快速浏览各类英文网站，有利于语料的积累沉淀；通过平台的自主学习模块，学生可以在线提交作业并接受老师的点评和指导，学生之间也可以互相交流语言学习心得。该平台能够为英语教学资源的输入和输出提供多种有效途径，既是学生多模态化语料积累的平台，又是师生和生生之间多模态交互的平台，能够大大提高学生英语学习的自主性。

4. 教学演练多模态化

视听说课程需要理论联系实际，融知识传授和实战演练于一体，既要培养学生的语言能力，又要培养学生的综合素质。教师可在英语视听说课程中设置主题秀的环节，学生以小组合作的形式将课程中设置的主题呈现出来：学生利用 PPT 等提供背景资料，使用提前准备好的道具，通过语言与现场表演将主题完整呈现。这种多模态的交际方式为学生的语言训练提供了仿真的场景，促进了学生发散性思维和动手能力的提高，使学生的语音、语调与场景吻合，提高了语音与肢体语言的协调性，有利于提高学生的语言交际能力。另外，教师应鼓励学生参加英语角、英文歌曲大赛、英文电影配音大赛、英文戏剧节等丰富多彩的课外活动，参与全国性的各类高水平的英语比赛，做好实战演练，以赛促学，提高学生的应变能力以及语言应用能力。

二、读写课程建设

互联网的普及与发展，为多模态教学发展奠定了良好的基础。利用微课教学，能消除传统灌输式教学的弊端，增强教学的灵活性和趣味性，使更多学生积极主动地学习英语，并提升综合能力和综合素养。笔者以大学英语读写微课建设为例，探讨大学英语读写课程的多模态教学。

（一）大学英语读写微课建设与应用的原则

大学英语教师在针对读写课程设计相关微课时，需要根据学生的个性化特点和实际情况，多维度展开微课设计。不同学生的个性不同，层次也会有所区别。教师在整合英语读写内容的重点和难点时，需充分强化对学生主体地位的尊重，这符合素质教育的需求，也符合学生发展的需要，能助力学生的个性化成长。

1. 人性化原则

人性化原则是指设计大学英语读写微课时，应以受教育者为中心，根据学生需要设计相关课程。微课构建和应用的目的是提升学生的学习能力，引导学生更好地理解英语读写内容。以受教育者为中心，根据其层次设计相关微课，既能增强教学的趣味性，还能帮助学生通过微课开展自主学习。一般教师会在线上教学平台中上传微课作为教学和学习资源，学生可以根据需要，随时随地下载和查看相关课程。以受教育者为中心设计的微课，既有趣又实用，能真正提升大学英语教学质量和教学效率，能充分凸显微课的价值，使更多学生强化对英语读写内容的全方位理解和认知。例如，学生可通过读写相关课程，提前进行课前预习，既能有效提升听课效率，又能使学生在课堂学习前树立学习目标。学生可以将自习中遇到的问题加以记录，利用互联网或在课堂上向教师提问，通过提问，加强师生互动，帮助教师加强对学生个性的了解，从而根据学生需要展开针对性教学。

2. 针对性原则

英语读写微课的时长在 10 分钟左右，期间会针对某一重点或难点，进行针对性讲解和记录。时长 10 分钟的微课既有利于学生集中注意力，又能将重点和难点知识讲解透彻。但想要在 10 分钟内透彻讲解重点和难点，需对相关重点和难点内容进行针对性讲解，才能帮助学生理解和记忆。每个学生的个性不同，学习能力和基础能力也会有所区别，教师可利用针对性较强的微课，助力学生梳理知识结构，引导学生感受微课的魅力，从而使微课发挥最大的教育作用。一般学生会在课前利用微课展开自主学习，这能为课堂学习奠定良好基础。教师可在课堂上预留充分互动的时间，通过互动有针对性地讲解学生自主学习时遇到的难点问题。教师通过互动能梳理学生的普遍疑问点，根据普遍疑问点有针对性地建设相关课程，以便于学生更透彻地理解英语知识。

3. 交互性原则

教学过程本身属于双向互动过程，一般教师在讲解相关英语内容时，会积极与学生进行互动和沟通。而微课播放时，因为缺少了教师与学生的互动，不利于活跃课堂气氛，因此，应适当增加一些视频、音频、图片等，增加多元化资料，增强微课的趣味性，激发学生的学习热情。例如，设计微课时，可增加一些开放性问题，引导学生分小组进行讨论，既能增强微课的互动性，又能帮助学生在学习过程中提升沟通交流的能力。课后，学生可以利用线上教学平台的微课巩固知识。由于传统纸质教材的更新速度相对较慢，教师可利用线上动态化教材结合纸质教材开展教学。线上动态化教材能助力学生拓展学习，学生可通过反复学习了解自身的薄弱点，以完善自身的知识结构。

（二）大学英语读写微课建设的思路

1. 精心设计选题

根据英语读写课程的特点，理清教学思路，能构建逻辑思维较为严密的微课。英语教师在设计读写微课时，应该根据相关重点和难点精心设计。精心设计选题，既能完善英语教学结构，又能提升教学效果。大学英语知识既琐碎又庞杂，想在复杂的英语内容中理清教学思路，必须加强对所有知识点的深入了解和认知。虽然英语相关知识点较为庞杂，但并非所有知识点都要录制成微课。教师可适当选择一些疑点和难点，引导学生通过相关微课，全方位地了解和掌握语法知识。教师在精心设计选题时，需理清教学结构，对知识进行系统性归纳和总结，以提升微课的系统性和逻辑性。选题确定后，利用科学技术编辑相关内容时，须融入一些音频和视频，以提升微课的趣味性。微课以"微"为特点，想在较短的时间内透彻讲解相关知识点，需要教师了解读写知识的核心，根据核心展开讲解，既能快速帮助学生了解微课的核心内容，又能帮助学生理解和掌握读写课程的重点和难点。

2. 强化教案编写

微课内容精练，时间较短，但也需要优化教案，才能设计出质量较高的读写课程。强化教案编写，既能提升教学效率，又能帮助学生在有限时间内掌握更多知识。微课的教案编号，应根据读写课程的内容和学生特点展开，应包括教学目标、教学难点、教学方法、教学模式等。教案编写过程中，教师应加强对学生学习状态和知识掌握情况的了解，通过了解，可在教学过程中融入一些探究性问题。这些问题既能助力学生积极思考，又能引导学生增强学习的主动性。微课教案和传统教案有所区别：微课录制时间较短，相关教案既要全面，又要简练，必须逻辑清晰地呈现相关读写内容和知识，才能促进教学内容创新，完成教学目标。教师通过深入了解相关读写教学内容，根据相关内容强化教案设计，增强微课教学的合理性和科学性。

3. 科学制作课件

只有科学制作课件才能构建质量较高的微课，但这也对教师提出了更高的要求。教师需强化对微课课件的全面了解，并注意积累实践经验，通过经验总结，从而制作更多优秀的课件，为微课教学奠定基础。微课件内容必须精练简洁，简明地阐述重点和难点内容，还要设置一些问题，引导学生积极进行互动和讨论。通过讨论，学生既能拓宽视野，还能提升主观能动性。这就需要微课件既要层次清晰，又要突出核心，还要对相关知识进行详细划分和讲解，以便引导学生全方位地理解英语读写知识。首先，PPT课件要采用多元化形式进行制作。例如，不能使用纯文字的幻灯片，应适当搭配一些颜色和动画；搭配时颜色不能太多，超过3种颜色会略显杂乱，因此，尽量选择2至3种颜色突出主题，吸引学生的注意力。其次，制作微课件时要注意图文并茂。例如，文字颜色尽量要与幻灯片底色不同，因为具有一定颜色对比的课件更能突出文字，也能体现课件的艺术性和整体性。

4. 完善后期制作

笔者通过大量实践总结发现，利用PPT制作课件时，选择录屏软件，录制质量相对较高。录制微课，无法对课件中的内容进行一对一宣读，应在其中加入对课件的理解和分析，帮助学生理清学习思路。录制时应避免出现口语化问题，还要避免一味使用书面语进行讲解，应根据学生的个性特点和具体需要，有针对性地讲解相关内容。微课的"微"体现在课件时长较短，教师在录制时，也要尽量控制文件的大小，文件过大不利于相关微课的下载和传播。微课件的后期制作，对整体呈现效果具有重要影响。教师需要对视频进行再次处理，以提升微课效果。再次处理相关微课件时，可在前后分别增加相关画面，在开始与结束画面中增加制作人信息和微课件名称，利于学生快速查找相关微课程，从而提升微课的使用效率。

三、教材建设

教材是学生在学校获得系统知识、进行学习的主要材料，也是教师进行教学的主要依据。教科书是教学基础，它的重要性不言而喻。如何设计教材，才能最大限度地传授知识与文化的技能呢？张德禄的研究表明，在二语习得过程中，通过视觉、听觉等多种模态的转换可以将外来知识有效输入，增强学生对输入内容的内化。① 多模态话语理论为教材设计提供了新的思路，它通过多种手段调动了学生的积极性，可以真正实现以学生为中心的教学理念。

（一）多模态话语分析视域下的大学英语教材对实现大学英语教学目标的意义

我国现阶段大学英语的教学目标是培养学生的英语综合应用能力，特别是听说能力，打破当前大学生大多掌握的是"哑巴英语"这一状况，让他们在今后学习、工作和社会交往中能使用英语进行交际，同时增强其自主学习能力，提高综合文化素养，以适应我国社会发展和国际交流的需要。② 例如，学生能够使用英语与以英语为母语的人进行实际交流，成功为自己办理酒店入住、餐馆点餐或在商店购买商品。

2020年教育部出台的《大学英语教学指南》明确提出，要特别重视信息技术在外语教学中的应用，充分促进课堂教学与现代最新信息技术的融合。③ 随着数字化时代的到来，多模态化的信息传递方式给教育技术带来了巨大的影响。多模态话语理论指导下的大学英语教材可以在吸取原有教材的优点上，充分利用多媒体技术，通过声像、图形等多种手段培养学生的认知能力、自主能力、合作能力、交际能力和英语运用能力。正如克里斯和勒温所说，多模态教学的核心理念就是大脑和身体通过多感官、多模态的运用实现意义的建构，从而达到最佳的学习效果。④ 多模态话语理论指导下的教材在大学英语教学中具有明显优势，它可以结合语言与其他资源，并加以扩展，如表情、动作、手势、图像、声音和音乐，通过触觉、视觉、听觉多种感官调动学生的积极性，从而达到最佳的教学效果。多模态指导

---

① 张德禄. 多模态话语理论与媒体技术在外语教学中的应用[J]. 外语教学，2009（04）：15-20.
② 教育部高等学校大学外语教学指导委员会编. 大学英语教学指南（2020版）[M]. 北京：高等教育出版社，2020：1.
③ 教育部高等学校大学外语教学指导委员会编. 大学英语教学指南（2020版）[M]. 北京：高等教育出版社，2020：3.
④ Kress G, Van Leeuwen T. Reading Images: The Grammar of Visual Design[M]. London: Rout-ledge，1996：18.

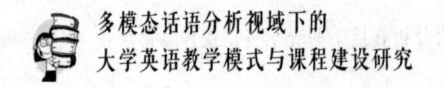

下的大学英语教材完全适应我国现阶段大学英语的教学目标，对培养应用型人才起着积极重要的作用。

（二）多模态话语理论下的大学英语教材建设

1. 纸质材料的选择与设计

教材选择的恰当与否对学生的学习起着至关重要的作用。传统的大学英语教材注重语言知识点的讲解，内容承载大量的词汇和语法结构，教材带有强烈的应试色彩，例如，课后很多练习题是参照大学英语四、六级的考试题型设计而成的。这样的教材虽有利于考试，但是忽视了内容的趣味性和人文性，且内容多与实际生活脱离，文章冗长、毫无生气，不利于学生兴趣的培养。多模态教材以绚丽的色彩、生动的图片、直观和立体的音视频等不同模态呈现教材内容，帮助学生理解抽象的语言知识点，让学生通过多感官进行学习，充分调动其学习热情和积极性，最大限度地实现语言输出。多模态教材摒弃了传统教材枯燥的缺点，实现了与现代多媒体技术的完美融合。例如，学习"young entrepreneur"时可选择淘宝在"双十一"的促销图片来加深对课文的解读。多模态教材在内容选择上要注重趣味性、可操作性和实用性，并确保各个版块内容之间的动态性、多维性、协同性。多模态教材在处理文字与图像的关系上只有符合学生的认知特点，才能更好地培养学生的多元识读能力，例如，图像色彩值的大小、明亮程度，文字与图像的比例等。

多模态可以是传统印刷的纸质书籍，也可以是起强化、辅助作用的多媒体符号。随着互联网、无线服务、电子阅读器的发展，电子书越来越为年轻人所接受。纸质书始终是最重要的教学材料，其作用是电子书无法代替的，因为它不受时间和空间的限制，可以随时随地翻阅。大学英语教材的内容应与学生的专业方向密切相关，不同专业应选择不同的英语教材。这主要是因为不同专业学生的英语基础、感兴趣的领域和职业需求均不同，比如多数艺术类学生英语基础较弱，若全校选用相同教材，学生会因教材内容过难而逐渐失去对英语的学习乐趣。相近专业可以采用相同教材，如文科类酒店管理和旅游管理专业，综合类会计、工商管理和国际贸易专业都属于相近专业。

因此，笔者认为英语教材应该由大学英语教师编写，因为教师最了解本校学生的学习情况和基础，尤其是那些长期为同一专业授课的大学英语教师对该专业学生的特点更是了如指掌。束定芳和庄智象认为，教材的编写要选择恰当的语言材料，再根据不同的教学目标和学习者的特征对材料进行排序和分级。[①]教学的内容应考虑以下七个方面：教材覆盖的语言特点、教材内容编写的原则、课文的选材、听说读写训练覆盖的比例、教材语言的理论基础、课文的体裁类型、教材中各个单元的安排和衔接。多模态大学英语教材可以培养学生的认知能力、功能能力、策略能力、社会能力[②]，这些内容的选择符合大学英语培养语言应用型人才的教学目标。基于多模态话语理论，笔者认为大学英语的纸质教材可以从知识体系、主题内容、技能讲解、练习活动和版式设计这5个方面进行设计，详见表6-1。此外，教材编写时要充分考虑课时的安排，教材内容要与课时基本吻合，并进行多种模态资源的选择和配置，保障教材在有效课时内得到充分利用，避免造成教学资源的浪费。

表6-1　大学英语纸质教材的设计构成

项目	具体内容
知识体系	完整的知识体系，针对不同专业，从教学实际出发，由易到难，逐渐增强
主题内容	内容丰富，视角多元，选材贴近各个专业学生的学习和生活
技能讲解	教材注重学习技巧和语言技能讲解，结合实例分析与专项练习提升语言技能，满足学生的认知风格和学习策略
练习活动	练习设计有效关联语言学习和专业学习，实际操作性强
版式设计	彩色版式，突出学习重点，体现学习流程

2. 多媒体资料的选择与设计

多媒体材料可以结合文本、PPT、图片、音频和视频等多种形式，调动学生感官，激发学生学习的积极性。例如，作为现代多媒体技术一之的

---

① 束定芳，庄智象. 现代外语教学理论、实践与方法 [M]. 上海：上海外语教育出版社，2008：163.
② 梁丽，张宜. 多模态话语分析视角下的大学英语教材改革 [J]. 沈阳师范大学学报（社会科学版），2015（05）：154-156.

PPT以其明显的优势广泛应用于课堂教学，不仅可以通过文字传达意义，还可插入声音、图片、视频，甚至字体大小、特效使用、颜色变化、背景设置都能调动学生的视觉感官。例如，同样在学习"young entrepreneur"时，可插入"双十一全民购物狂欢"等图片，更能激发学生阅读的兴趣。肖龙福和彭建武认为，PPT是一种将文字、音频、视频、图片等形式有效结合，让学生通过观察、分析各种信息获取知识，以实现教学多模化的有效手段。[1]对此，教师应转变原有教学理念，主动探索教学与信息技术的结合，充分利用现代教育技术辅助教学，对教学内容进行补充、总结和深化，以达到最佳教学效果。姜毓锋在《基于多模态话语理论的外语教学模式构建》一书中提出，多模态选择的首要原则是突出知识点，充分利用现代信息技术，最大限度地帮助学生记忆，以取得最佳课堂效果。[2]授课教师应该结合课程要求与专业学生的特点，剪辑或编辑音视频，实现资源的优化配置，最大限度地调控输入的质与量。

3. 网络教学平台的设计与建设

基于现代信息技术，建设与教材匹配的网络教学平台以及将教学内容与多媒体技术融合的交互式课堂是21世纪大学英语教学改革的方向与趋势。当前，国内网络教学平台普及率不高，现有的平台在设计方面还存在许多不足，语料资源也不够全面。顾曰国在对多模态学习的分析中发现，单纯地将文本放至网络上供学生学习，对硬件资源而言是一种浪费。[3]只有正确处理好多模态教学资源与多媒体的关系，才能最大限度地发挥平台优势。

网络平台的内容不是单纯地重现教师讲义或在课堂上观看的视频，而应以学习者为中心，建设合理、丰富的媒体资源数据平台。平台由教学内容、师生互动和学习资源三大版块组成。其一，教学内容，包括教学大纲、教学设计、每个单元的具体教学内容以及课后练习。例如，课后听说练习版块中，学生可以选择喜欢的人物进行模仿配音，系统会根据学生的语音

---

[1] 肖龙福，彭建武. 华东外语论坛[M]. 上海：上海外语教育出版社，2013：28.

[2] 姜毓锋. 基于多模态话语理论的外语教学模式构建[M]. 北京：北京理工大学出版社，2015：8.

[3] 顾曰国. 多媒体、多模态学习剖析[J]. 外语电化教学，2007（02）：3-12.

语调、流利程度等打出分数，学生可以反复练习，直到取得自己满意的成绩为止。练习过程中，学生在无形中将课堂输入的内容以配音形式进行了有效的输出。其二，师生互动，包括生生讨论、师生讨论、在线答疑等。如，学生可以在平台的互动版块上自由提问或讨论，教师看到提问信息就可及时答疑解惑，这种交流既能让教师动态地了解学生的知识掌握情况，还能在学生之间完成互动，避免对一些常见问题的重复答疑。曹德明等人提出，基于网络的生生、师生互动是今后教学发展的趋势，这种交流互动不仅促进了师生间感情的交流，还培养了学生的自主学习能力和合作能力。[①]其三，学习资源，包括知识拓展、原声视频、影视片段等。平台可以通过文字、图片、动画、音频、视频等多种媒体资源，充分调动学生的积极性，实现多元化的教学理念。

4. 多模态教材在教学实践中的应用

多模态教材在大学英语中的应用分为课前、课中和课后。首先，教师在课前要选择教学内容，所选的内容对应使用什么模态，需要用到哪些多模态教学资源，PPT要怎么设计、怎么排版，这些都需要教师在课前做充分准备，并对课堂教学有一个预估。其次，在教学过程中，教师要充分利用表情、眼神、手势、动作等身体特征，通过调节语速快慢、音响大小，以及展示带有图片、声音、视频等多种符号资源的PPT课件，多角度地向学生输入信息，加深学生的印象。最后，课后的多模态训练，除教师布置的任务外，主要是让学生完成网络教学平台的巩固训练——平台上各种多模态资源的训练会相应提升学生的听说读写能力。在多模态大学英语教材的影响下，学生逐渐成为学习的主导者，通过小组讨论、PPT展示等各种实践活动成为听觉与视觉模态的发出者。例如，学生要理解多模态知识，就要通过多种渠道，利用如网络、多媒体、书本、图书馆等收集信息，并对所获的信息进行筛选与处理，能够培养学生的认知能力与识别能力。在学习知识的过程中，对多元文化知识的累积培养了学生的自主学习能力。学生充分利用演讲比赛、配音比赛和英语角等形式展现自我、锻炼口语，培养了自身的交际能力、社会能力和语言运用能力。

---

① 曹德明，王文新，朱晔. 中国法语专业教学研究[M]. 上海：上海外语教育出版社，2016：1.

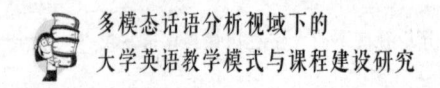

毋庸置疑，多模态理论指导下的大学英语教材为学生提供了丰富的教学资源，对学生学习起着积极的促进作用，但与此同时也给教师带来了极大的挑战。其一，教师要积极学习、研究现代信息技术，抛弃旧有观念，不断提高多媒体应用的水平，掌握多模态操作技能。其二，无论是教材的编写，还是网络平台的建设都需要教师花费大量的时间和精力，尤其网络平台前期的设计需要反复验证、实践。其三，在多模态教学资源的使用、整合配置上，教师要做出合理的选择，以实现新媒体时代的大学英语教学目标。

四、师资队伍建设

"互联网+"在给大学英语教学带来挑战的同时，也带来了很多机遇。充分运用互联网，丰富大学英语教学资源，将翻转课堂、微课、自主学习平台、手机App等有效融合，形成"互联网+"与大学英语相结合的新型多模态教学模式，能极大地调动学生英语学习的主动性和创造性，提高课堂的有效性；运用信息技术手段，以多元化和个性化相结合的教学模式，合理地启发和诱导学生，实现学习英语生活化和信息化。除此之外，互联网还可以促进教师的个人发展和师资建设。在教育信息化背景下，高校教师不仅应具备良好的人格品质和专业素质，还必须具备现代化的教育观念和良好的信息素养，实现技术创新和教学模式创新。大学英语师资队伍建设应将高校英语教师培养成为研究者、指导者、协作者、终身学习者和信息化教学设计者。

（一）增强教师信息意识

语言教学本身就是一个信息传播和信息交流的过程。大学英语教师作为大学生在学习过程中的引导者，其信息意识直接影响到学生语言信息观念的培养。因此，大学英语师资队伍建设若想取得成效，首要任务是教师应建立起现代化的语言教学信息观，形成对教育信息技术的积极态度，努力扩充信息知识，提高信息技术能力，形成终身学习的观念。教育信息化促使教育从传统的教师讲授这一单向教学模式向以学生为中心的教学模式转变，使学生真正成为课堂教学的主角。教师应精心设计教学环节，用信息化的知识和手段吸引学生，使其能够发现英语学习的乐趣并积极参与课上或课下的活动。如在学习"互联网时代的大学生活"一课时，教师可事先制作微课或布置课前作业，让学生寻找身边的信息技术；课堂上，通过学生的观点阐述和师生信息技术的演示，共同讨论信息技术和互联网对日常生活产生的巨大影响，在此基础上学习课文；课下，教师可布置形式多样、内容新颖的作业，如让学生运用手机软件录制自己排练的模拟访谈、英语短剧等。此外，教师可针对学生的个人需求推荐一些手机应用软件，使学生的英语学习真正实现个性化、移动化，提高学生的英语学习效率。由此可见，信息时代背景下的教育教学并非教师的单一讲授，而是师生共同探讨、交流促进的过程。只有树立全新的教学观念，增强教师信息意识，师资队伍建设才能真正落到实处。

（二）培训教师信息技术技能

学校可聘请本校或外校的信息技术人员对英语教师分期、分批进行培训，使英语教师掌握信息技术的基本知识和操作技能。培训课程可由浅入深：首先对教师进行计算机和网络技术方面基础知识的培训，其次对常用教学软件（如Power Point等）进行专门培训，使教师能够熟练掌握。此外，还应培训教师，使其能够通过工具软件快速检索信息和下载资源，并对获取的信息进行有效加工和重组。

（三）提高教师信息技术与语言教学整合能力

教育信息化的实现要求大学英语教师具备较高的信息技术与语言教学整合能力，将掌握的信息技术应用于语言教学中。

第一，应加强对大学英语教师教学理论方面的培训和指导，使其深入理解教学理论并能在此基础上进行教学创新。高校可邀请高等教育教学、英语教学等相关方面的专家学者或名师来校举办讲座，引导教师开展教学理论的研究和教学方法的探讨。

第二，结合大学英语教学的特殊性，高校应培养教师的信息技术应用能力，即将所学到的、掌握的信息技术应用于大学英语教学中。有一些教师感到疑惑，为什么经过了几次信息技术培训后感觉受益匪浅，却无法将信息技术有效地融入语言教学当中呢？这是因为教师接受的是单纯的信息技术培训，而非整合式的信息技术培训。若要培养教师的信息化教学能力，必须在信息技术能力培训的基础上，继续对教师进行信息技术在课程和教学中整合的技能培训。具体应包含以下几个方面。

首先，结合课程需要和教师现有的技术水平，设定培训内容，制订培训计划。若教师技术水平参差不齐，则可进行分级培训，使每位教师都得到锻炼和提高。分级培训可分为四个层次，对于初学者，培养其掌握教育信息的基本技能；对于中级学员，逐步培养其教学资源的制作与应用能力；对于信息技术水平较高的教师，培养其构建教学资源、利用教学平台进行展示以及与学生互动交流的能力；对于已经能够熟练运用信息技术的教师，使其在培训后能够结合学科特点，合理使用教学技术手段，重新构建教学流程，提高教育教学水平，成为教育创新带头人。

其次，结合课程特点，对教师进行适合英语教学的微课、慕课等信息化课程资源制作方法的培训。应鼓励大学英语教师进行课程创新的设计与教学实践，积极制作微课等信息化教育资源，并利用交流平台实现师生、生生互动；还可以通过观摩课、授课大赛、教研座谈等形式促进教师对信息化教学法的探讨和实践，使教师在相互借鉴、取长补短的基础上逐步实现整体教学能力的提升。

最后，利用信息技术和学校已建立的评教系统，了解学生对当前信息化教学的教学模式和教学效果的满意度以及对教师的满意度，以便对当前教学的各个方面进行改进。

（四）建立健全激励机制

高校应建立健全针对教师信息化教学的激励机制，如将信息化教研创新成果作为职称评定的部分依据、为实践信息化教育的教师提供资金援助等，鼓励教师积极进行信息化教学的尝试，对踊跃参与各种信息化英语授课大赛并取得成绩的教师予以奖励；鼓励教师进行自发式学习和进修，并进行一定的资助。

五、课程资源建设

本书探讨的多模态话语分析视域下的大学英语课程资源建设主要是指除传统课程资源建设以外的、采用现代信息技术手段的数字化教学资源建设。

（一）数字化教学资源

教学资源是指围绕课程教学所提供的、各方面可利用的教学资料与教学条件，不仅包括课程教材、图片、案例视频、课件大纲等，同时也包括教师资源、多媒体等信息技术道具以及必备的一些基础设施。数字化教学资源是信息化社会背景下教育教学的产物，在当前教育教学的发展过程中，能够有效推动教育改革的发展。当前，为了进一步加强数字化教学资源的建设与应用，数字化教学资源的灵活运用已经成为每一位教育工作者必须具备的基本信息能力。

数字化教学资源是指能有效运用数字化现代信息技术展开处理，在多媒体等互联网环境下展开建设运行，能够同时共享更多、更广泛的线上教学资源。由于数字化教学资源知识面覆盖极广，具有实时共享、多元化等特点，涉及多媒体课件与素材、教学视频资源、线上教学平台以及数字化学习资源库等多方面教学资源，能够持续满足广大学习者的学习需求及教师对教学资源的需求。

（二）大学英语课程数字化教学资源建设的策略

1. 搭建数字化教学资源共享系统平台

在开展英语课程数字化教学资源建设过程中，应充分利用现代化信息技术，例如云计算、大数据分析等，结合学校教学资源，全面搭建包括英语课程教学设计、课堂教学管理与监督、各类教学资源分析整合的多元化教学资源共享系统平台，实现教学资源的公开、实时共享，并对数字化教学资源共享平台中涉及的子类系统开展具体的设计与建设，充分发挥教学资源实时共享的核心作用。共享系统平台的搭建能够使英语课程数字化教学资源得以有序协调、分类整合，为师生的共同使用提供了更加便利的服务。数字化课程教学资源共享系统平台不仅有着不同的功能性质，还包括不同的组成部分，因此，在进行教学资源平台搭建时可以依据其功能性质将其区分为英语课程教学资源、具有开放性质的在线课程系统网站以及专门的共享资源系统平台等。同时教学资源系统运行管理人员应该严格依照数字化教学资源的管理层次、组成部分，层层递进地进行统一划分，通过有序的分类划分，使教学资源使用者能够更加方便地查找、分析、整合教学资源，不但节省了时间，而且从根本上提升了教学效率，充分激发了学生学习的主动性。

2. 建立完善合理的大学英语课程体系架构，充分融入数字化教学资源

建立完善合理、系统全面的大学英语课程教学体系，充分融入数字化教学资源，并不断进行优化改进，能够实现大学英语课程教学的深度发展。大学英语课程内容涉及范围较大，知识面覆盖较广，且有着不同层次、不同难度的知识内容，因此在设计大学英语课程教学体系时应该充分依据英语课程的教学难度、不同的教学阶段以及学生参差不齐的英语基础等，综合性地进行体系架构的设计，学会灵活运用多种教学模式开展系统教学，在完善过程中充分融入相应的数字化教学资源，充分拓展课程范围，实现深度学习。

3. 明确教学资源建设重点目标，依据英语课程设计相关教学内容

不同学校、不同教学阶段对于英语课程教学的程度、目标、定位或多或少地存在着一定的差异，因此，在进行大学英语课程数字化教学资源建设过程中，首先需要有一个明确的、合理的建设目标与定位，需要结合大学英语课程的知识范围、教学效果以及学生所需要掌握的学习能力、具备的综合素质等方面进行综合考虑，从而制定出明确合理的教学资源建设标准与目标。同时应该注意，英语课程的教学不能只注重基础理论知识的学习，英语语言的学习重在实际生活中的沟通交流，学生因此需要具备一定的英语交际能力以及相应的分析思考能力。在大学英语教学中应该结合数字化教学资源进行明确的归类、整合与划分，使教学内容能够充分对应数字化教学资源，以适应不同英语基础的学生，为学生的英语学习打下坚实的基础，并能够不断地拓展学习，提升学生的英语综合学习能力。

4. 注重对数字化教学资源教学效果的评价、总结与反馈

大学英语课程涉及知识范围极广，学生往往需要学习各方面的英语知识，因此，在开展数字化教学资源建设过程中，应注重构建相应的教学效

果评价反馈体系：对学生英语课程学习的全过程进行监督，并进行全面的总结与反馈；对学生英语课程学习的总体情况进行相应的教学评价，促使教师能够全面了解与掌握学生学习的整体情况，并及时做出相应的调整与改进。相应的教学评价体系不能只是出现在教学的最后阶段，而是应该贯穿于学生学习的全过程，注重对教学目标、课程体系设计的全面合理性、知识架构的完整性等多方面展开综合性的评定。同时，对于数字化教学资源的评价不只是由教师完成，学生也可以依据自身的学习状态、效果等进行相应的评价，有助于及时做出调整，制订更适合的学习计划。

第七章 多模态话语分析视域下的大学英语拓展课程建设

开设大学英语拓展课程的目的是克服传统教学体系下课程设置单一、教学模式单调、实用性不强、大学生学习自主性较差及教学效果欠佳等弊端。同时，拓展课程可以因需设课、因材施教，充分体现以大学生为主体的个性化自主学习的特点。大学英语拓展课程教学体系旨在培养大学生的英语综合应用能力，特别是听说能力，使大学生在今后的工作和社会交往中能用英语有效地交流信息，同时培养大学生的自主学习能力，提高他们自身的文化素养。

本章主要探讨多模态话语分析视域下的大学英语拓展课程建设，包括校本课程建设、后续课程建设和文化课程建设。

一、大学英语校本课程建设

何谓校本课程？顾名思义，就是高校充分发挥办学自主权，根据人才培养目标，从自身的办学理念、办学宗旨、办学特色出发，针对大学生成长成才的规律以及市场对人才能力的需求，在多元主体共同参与下而制定的彰显本校特色的课程或课程体系。校本课程建设是当前中国高等教育改革的热点。针对国际化人才的需求，大学英语校本课程建设显得极为迫切，并成为决定大学英语教育教学改革的关键性因素。高校开发大学英语校本课程是适应个性化、差异化、特色化教学的需要，将综合英语类、语言技能类、语言应用类、语言文化类和专业英语类等课程内容进行挖掘、整合，有助于实现国际化人才培养的目标。在校本课程建设路径上，可从科学设置校本课程体系、聚焦英语校本教材开发和科学评价校本课程价值等视角出发，推动大学英语教学改革，培养能力突出的高端外语人才。

(一)大学英语校本课程建设原则

大学英语是一门兼具工具性和人文性的课程，在国际化背景下，大学英语校本课程建设是一个动态化、持续化的过程，必须要及时了解国外最新资讯、先进理念，走在学科发展的前沿，以英语的实际使用为导向，以培养学生的实际应用能力为重点。从目前来看，大学英语校本课程建设有需求主导模式、条件主导模式和目标主导模式三种模式，无论从何种模式看，都必须以提升大学生跨文化意识和交际能力为主线，服务于我国社会经济发展的人才需求。对此，必须坚持以下原则。

1. 学生为本、需求导向

在落实立德树人根本任务的指导下，大学英语校本课程建设必须要针对特定的学生群体，优先考虑学生的实际需求，把满足大学生跨文化意识和交际能力作为课程建设的出发点和落脚点，才能确保开发出优质的校本课程。对此，在校本课程建设中，要做好学情分析和环境分析，以访谈或问卷调查的形式了解大学生关于大学英语教学目标、教学内容、教学方法等方面的看法、评价和建议，并了解其兴趣特长、发展意向和认知方式等因素，进而形成涵盖语言基础模块（必修课）、语言技能模块（选修课）和语言应用模块（选修课）的校本课程体系[1]，具体包括大学英语视听说、大学英语阅读、实用英语写作、中西文化导论、跨文化交际等课程，以激发大学生自主学习的兴趣。

2. 教师主体、专业发展

在大学英语校本课程建设中，英语教师既是课程的制定者、编制者，又是课程教学的实施者和评价者，始终处于核心地位。在全球化背景下，校本课程建设对大学英语教师的专业能力提出较高的要求，毕竟，要开发既聚焦大学生跨文化意识和交际能力培养又凸显本校特色的课程并非易事。对此，在大学英语校本课程建设中，要注重教师教育理念、知识技能、科

---

[1] 许玉. 大学英语校本拓展课程建设与实践研究[J]. 南京医科大学学报（社会科学版），2017（06）：509-512.

研能力等专业能力的发展,即树立全球化意识,明确全球化背景下大学英语的教育观、课程观和教学观,给予教师充分的自主权,通过"引进来""走出去"的方式,让教师有更多的机会与国外大学开展交流、学习,进而更新知识结构,提升专业能力。

3. 以校为本、彰显特色

校本课程建设既要突出"以生为本",更要彰显"以校为本",因为不同的大学具有不同的办学理念、办学特点和人才培养方案,校本教材必须要突出学校特色,方能凸显人才培养的张力。在全球化背景下,大学英语校本课程建设必须坚持普遍性和特殊性,根据学生需求、自身条件来进行教材的选编、课程设置和实施以及课程评价等工作,努力体现办学理念,形成蕴含本校办学底蕴的特色化校本课程体系,凸显学校的核心竞争力。

(二)大学英语校本课程建设路径

在全球化背景下,大学英语校本课程建设是一个新的课题。应对国际化人才需求,大学英语课程应由语言教学向通识教育转变,建设符合学生需求、突出教师主体、彰显办学特色的校本课程体系。对此,必须从以下几个方面着力。

1. 科学建设校本课程体系

当前,我国大学英语校本课程设置存在单一化、同质化和滞后性等问题,针对这些不足,需要从大学英语课程建设的工具性、专业性和人文性目标出发,以本校学生的英语基础和办学特色为依据,科学设置校本课程。

首先,明确学生发展方向,改变传统大学英语教学重理论、轻实践的模式,从学生听说读写译等英语综合运用能力发展的视角出发,设置面向特色人才培养的ESP(专门用途英语)和EAP(学术用途英语)、语言文化类课程以及国际英语应用类课程,涵盖大学生听说读写译英语综合运用能力,培养大学生的专业知识和国际化视野。[1]

其次,要合理配置课程。大学英语课程作为一门语言类课程,讲究学习的连续性,内在要求增加英语学习课时,避免大学生通过英语四、六级考试之后便放弃英语学习的问题,开发四年制大学英语校本课程,确保大

---

[1] 赵丹婷. 大学英语校本课程开发研究 [J]. 教育探索, 2014 (08): 33-34.

学生英语学习不间断、不掉线。

2. 聚焦英语校本教材开发

校本教材开发是大学英语校本课程建设的核心。在全球化背景下，校本教材开发必须要考虑大学生跨文化意识和交际能力发展的需求、大学生英语基础知识和能力现状、社会对大学生英语综合运用能力的要求以及本校现有的大学英语资源等因素，必须进行整体性、系统性谋划，并做好内容选择，才能确保校本教材的实用性、有效性。对此，要讲求时代性，即在校本教材开发中，坚持从时代发展的视角出发，把全球化发展的最新内容、特征、成果等编入到教材中，增强教材的新颖度和吸引力；要讲求实用性，即教材内容要面向大学生的生活，把不同国家的风土人情、时事新闻、发展历史等素材融入教材中；要结合本校办学特色，如财经类院校要坚持从经济角度出发，旅游类院校从购物、旅游、休闲等角度出发，实现大学英语教学与学生专业发展相结合，体现教材的实用性；要讲求应用性，即大学英语校本教材的开发要落脚于大学生英语综合运用能力的发展，教材内容要突出知识性、应用性和多样性，实现显性知识与隐性知识的有效结合。

3. 科学评价校本课程价值

大学英语校本课程的信度和效度如何，科学评价是极其重要的一环。当前，大学英语校本课程建设并没有统一的评价标准，但并不等于不需要开展评价。作为一门语言文化类课程，其评价必须从大学生知识技能、文化素养和特定领域语言的应用能力等方面出发，开展综合评价。

首先，开展校本课程评价。可以通过邀请大学英语课程建设专家开展校本课程评估、大学生对校本课程的认知度和认可度评价、大学生能力测试等，来检验校本课程的科学性、有效性。

其次，对学生知识能力的评价。通过制定大学生大学英语综合运用能力标准，开展形成性评价和终结性评价。比如：北京外国语大学针对国际化人才需求，推出"国才考试"（English Test for International Communication），通过制定不同的考核标准，将"国才考试"分为"国才初级""国才中级""国才高级""国才高端"和"国才高翻"五大类别，满足不同层次国际交流活动的需求，大大提升了校本教材服务人才培养的有效度。

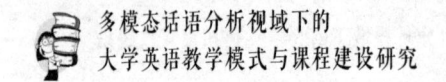

总之，大学英语走向国际化，需要注重校本课程体系建设，从科学设置校本课程体系、聚焦英语校本教材开发和科学评价校本课程价值等视角出发，推动大学英语教学改革，培养能力突出的高端外语人才。

二、大学英语后续课程建设

大学英语后续课程是大学英语课程的重要组成部分，其发展与建设直接关系到大学英语课程的教育目标能否实现，具有重大的教育生态意义。

（一）大学英语后续课程的概念

在21世纪之前的大学专业教育中，作为公共必修课的大学英语是没有后续课程概念的，大学英语课程呈现出一种孤立状态，与专业的结合极为薄弱，大学英语课程教学的实然状态扭曲成了极为功利化的考研和取得四、六级证书的"跳板"。在21世纪初，为推进大学英语教学改革，教育部发布的《大学英语课程教学要求》中开始出现培养学生跨文化交际能力的要求，并在课程设置方面提出了"专业英语课程"的概念和满足学生各自不同专业发展需要的教育理念，这是对大学英语后续课程开设比较明确的要求，为大学英语后续课程开设指明了方向。基于此，结合教育部《大学英语教学指南（2020版）》的相关要求，笔者认为大学英语后续课程的概念应该是：在完成大学英语基础知识学习和听说读写译等基础语言应用能力培养后，为进一步提升大学生英语语言应用能力，围绕扩展学生国际视野所进行的跨文化交际能力培养而设置的课程与教学环节，包括体现大学英语课程人文属性的语言文化类课程和体现大学英语课程工具属性的专门用途英语类课程。大学英语后续课程是大学英语课程的重要组成部分，是大学英语课程教学活动的拓展与延续。后续课程的开设是对大学英语课程建设的进一步发展，是对大学英语课程工具属性与人文属性的具体落实。后续课程应该与大学英语课程一脉相承，二者具有紧密的内在联系，即便是专门用途的英语课程，其课程属性也应该是大学英语课程而非专业课程。

（二）大学英语后续课程开设的现状

由于大学英语后续课程的概念进入教育者视野的时间较短，教师特别是具有课程体系设计权力的教育管理者对此的认识参差不齐，没有形成课程体系设计时的思维定式，这对于大学英语后续课程的开设影响较大。总体来说，目前大学英语后续课程的开设可归纳为以下三种情况。一是后续课程开设种类比较多，兼具了工具性与人文性功能，既有必修课也有限选课。例如S高校某工程类专业在第3学期到第5学期之间，开设了商务英语和专业英语等工具性课程，同时该校外国语学院还面向各专业开设了一些诸如雅思课程、考研课程等实用性课程以及用英语讲述中华传统文化故事的人文性课程等选修课程。二是开设了后续课程，但是课程类型单一，且学时学分相对较少。例如S高校仅有一门《科技英语》或者《文秘英语》课程（学生选学其一），设置2学分32学时。三是目前为止尚未开设后续课程。

（三）大学英语后续课程建设路径

大学英语课程建设应该树立系统化课程建设理念，将大学英语后续课程建设纳入大学英语课程建设整体体系，树立大学英语课程的大课程观，在大学英语的前端课程和后续课程的建设中平衡资源，建立和完善动态平衡的大学英语课程链条，形成大学英语课程的开放生态格局。[1]

1. 转变人才培养理念

人才培养活动是一种系统性的复杂工程，必须以系统性的理念审视人才培养的各个要素，正确认识人才培养系统中各要素的作用，摒弃人才培养的片面性思维和理念，避免人为地拔高人才培养系统中某一要素的作用，形成系统集成、要素协同的人才培养系统。

一是要加强对高等教育和人才培养规律的研究，真正理清高等教育的发展规律和发展方向，警惕"就业导向"思维对人才培养的危害性，防止陷入功利性、实用性人才培养的误区，避免人为地造成人才培养系统的失衡。

二是要树立系统化课程体系构建观念。在课程体系构建中要秉持系统化思维，坚持课程系统各要素协同的原则，对应人才培养目标审视好课程体系内各要素的生态位，每门课程和每个教学环节都要明确其对人才培养的作用和在人才培养体系中的生态意义，避免课程系统构建方面的顶层设计失误。

三是要做好课程建设过程中的平衡。要认识到课程系统内的每门课程

---

[1] 陈倩茜. 基于教育生态学理论的信息化教学模式初探[J]. 现代交际, 2019（21）：51, 50.

和每个教学环节对人才培养都有着相应的重要作用，课程系统内不存在无用的课程，每门课程的建设资源都要相对均衡投入，避免顾此失彼，造成不可控的系统失衡。

四是要有"课程思政"的意识。对人才培养的目的性要有清醒的认识，要牢牢把握大学英语课程不仅具有工具性属性，同时还有人文性属性的课程内涵，通过大学英语教学树立学生的民族自豪感与使命感，使其具有在专业领域内向世界展示中国文化、中国标准的信心与能力。

2. 平衡教学资源的配置

系统的运行依靠能量的输入，办学资源对于人才培养系统而言，就是其运行所需要的能量，其中能量的径流之一就是学分学时的配置，而且这也是课程系统运行中比较重要的能量，因为所有的课程建设都要在这些能量资源的基础上进行。如果学分学时的配置足够大，则课程建设的发展空间也就随之加大，许多建设举措也可以有效实施，所以要将大学英语的前端课程与后续课程的学分学时配置控制在一个合理的区间，并逐渐缩小二者在学分学时配置上的差距乃至逐渐过渡到后续课程的学分学时大于前端课程的结构状态。因为作为基础部分的前端课程实际上是衔接学生高中阶段的英语教学，也就是说学生在高中阶段已经奠定了较好的英语学习基础，如果到大学后再继续在基础部分投入过多资源，只会造成资源的浪费。能量的另一条重要径流是师资配置。三尺讲台并不是吃青春饭的舞台，实践多次证明，教学经验丰富的资深教师的教学效果在多数情况下要好于青年教师（当然也有青年教师的教学效果好于资深教师的一些特例），据此需要对后续课程的教师资源进行相应调整，以适合后续课程教学质量提升的需要。

一是可以探索建立必要的混合式教学团队。例如，由外国语学院的资深教师和青年教师共同组建后续课程的教学团队，合作承担相关教学任务，青年教师负责专业性的教学内容，资深教师负责选择合适的教学方式方法，指导青年教师提升教学基本功等。

二是调整学分学时的分配。应逐渐适度增加后续课程的学分和学时数，在调整时依然要注意平衡原则，不能引起大学英语课程与专业课程或其他课程新的失衡，在不做过多的根本性调整的基础上进行适当微调，可以考虑探索线上线下相结合的混合式课程模式，供学生自选时间进行学习，使前端课程与后续课程的学分学时配置相对平衡。

3. 探索建立人才培养系统动态平衡调整维持机制

系统的平衡不是绝对的平衡，一潭死水式的平衡态并不是系统发展所需的，系统的发展要遵循平衡（系统的原始平衡）—失衡（远离平衡态）—形成新的平衡（升华后的平衡）原则，所以系统的平衡是一种动态平衡，而不是一成不变的绝对平衡。应该建立一种人才培养系统动态平衡调整维持机制，及时审视观察系统的生态发展状态，敏锐感知系统内各要素的发展是否引起系统失衡，并及时做好相关要素、资源调整，应对系统失衡带来的新变化，使系统尽快趋向新的平衡。

三、大学英语文化课程建设

当今世界，经济全球化和科技进步使得不同国家与地区的联系更加紧密，国际交流日益频繁，跨文化交际已成为大势所趋。语言与文化密不可分，外语教学必须建立在文化教学的基础之上，才能满足当今与未来世界的发展的需要，这已成为外语教育界的普遍共识。大学英语文化类拓展课程是进行文化教学的重要平台，科学合理的课程建设是高校实现培养具有跨文化交际能力的高素质外语人才目标的重要保证。大学英语拓展课程建设应重视跨文化交际问题。

（一）跨文化交际与大学英语教学

1. 跨文化交际的概念

所谓跨文化，就是产生于不同文化群体之间的一种交互作用。按照科学的角度来分析，跨文化可以指在人们的交流过程中，不仅拥有自身的习惯、观念和行为方式，同时也要对别人的习惯、观念和行为方式等有所了解。再以文化学理论角度来分析跨文化，其实质就是文化开始跨越了不同国家不同民族的界线。文化相对于跨文化，前者仅仅是局限于理解自身文化系统和知识系统，没有后者的视野开阔。因此，跨文化就是一种能够超越体系界限来经历文化归属性的所有人与人之间的互动关系。

所谓跨文化交际代表的是一种有不同文化背景的人们之间的交际，是发生在本族语者与非本族语者之间的一种交际形式，也指有着语言与文化背景差异的人们之间所发生的交际活动。简单来说，就是当你与有着语言和文化背景差异的外国人打交道的时候，需要注意什么？怎么能够很得体地去相互交流？与之相对应的是同文化交际，就是指有着不同文化背景的人相互之间产生的交际。在跨文化交际中，不仅有语言交流，并且有非言语交流。由于跨文化交际产生于不同文化背景的人们之间，其交流要受到地域的影响，必然有差异性在其语言和文化之间出现，因为生活于不同地域和文化背景的人们，其自然存在不同的世界观、人生观、价值观，也就存在着道德标准和语用规则的不同，所以开展跨文化交际必然也深受这一差异性的深刻影响。开展跨文化交际有以下三个主要目的。

第一，跨文化交际理解力的培养。文化具有差异性，彼此通过发现对方的不同点后，再来对自身文化进行深刻理解，以此能够对各自文化特性进行客观的把握。当我们发现差异之时，也要对大量共同之处有着必要的重视。

第二，跨文化接触适应能力的培养。当与不同文化初次接触之时，通常不可避免地遭受文化冲击，也就有可能产生某种不适应性。而交际想要继续下去，就需要设法将冲击减缓，并促进自身适应能力的提高。

第三，跨文化交际技能的培养。当越来越多的人开始走出国门或留在国内参与跨文化交际活动时，这就需要人们不断学习，并掌握与其他文化背景的人们进行交流的实际技能。例如，在美国，不仅大学开设了相关的跨文化交际课程，在社会上也是如此，比如在商业界，很多机构专门负责培养跨文化交际技能，积极与国际社会相适应。

2. 文化教学的概念

外语教学从最开始就伴随着文化教学，文化一直都是其教学内容的一部分，只是人们没有意识到而已。当然，在外语教学中有意识地进行文化教学已经有很长的历史了。由于各个国家的教育体制和语言环境不尽相同，其外语教学呈现出不同的特点，其文化教学的理念和方式也各不相同，但是文化教学在外语教学中的发展轨迹大体相同，反映了广泛的国际交流与合作对教育所产生的影响。

一百多年来，外语教学中的文化教学经历了从注重阅读能力的培养，到注重交际能力的培养，再到现在关注跨文化交际能力的培养三个主要阶段，形成了两种教学方法——文化知识传授法和文化过程教学法，出现了四种教学模式——外国文化模式、跨文化模式、多文化模式和超文化模式。无论美国、欧洲还是中国，文化在外语教学中的作用和地位变化基本上都经历了上述阶段。这一发展历程证明，外语教学的历史就是其不断改革、适应外部环境和满足社会发展需要的历史。跨文化交际能力的概念在跨文化交际学和外语教学之间搭起了一座桥梁，将这两个学科紧密地联系起来。

文化知识传授法就是针对文化知识的传授方法。教师采用这种方法传授一个国家或语言群体的文化事实，即文学艺术、历史地理、宗教政治、道德法规、价值观念、风俗习惯等。教师一方面介绍有趣的文化背景知识刺激学生学习外语的积极性，另一方面通过文化专题讲授，使学生掌握目标语典型的文化知识。然而这种教学法有其致命的缺陷：将语言与文化分割开来，使文化内容显得零碎、缺乏系统。

文化过程教学法以文化学的文化定义为基础，将文化看作是一个社会构造系统，是一个不断发展的变体，而不是一个静止不动的实体。文化教学过程就是一个包括文化知识、技能和态度等的建构过程。文化过程教学法强调文化的系统性，文化与语言的关联性，并承认文化是语言教学的有机组成部分。文化过程教学法的优势和特点非常明显，但是由于它将文化学、跨文化交际学的思想和方法引入外语教学，使本来已经相当复杂的外语教学研究领域变得更加庞杂。

瑞萨格尔（Risager K.）分析了欧洲外语教学的发展历程，归纳出四种适合不同社会发展需要，但又能同时并存的外语和文化教学模式：外国文化模式、跨文化模式、多文化模式、超文化模式。

外国文化模式的基本内容是以一种文化、一个民族、一门语言和一个具体的地域为基础，简单地说，就是以目的语言及其相关的文化为教学内容，不涉及目的文化与本族文化和其他文化的关系，也不注重文化内部各个亚文化之间的差异，是一种单一文化的教学。语言教学以"native speakers"的语言水平为目标。这种外语和文化教学观念长期主宰着外语教学界，虽然从20世纪80年代起，在美国和欧洲一些地区新的观念开始取代外国文化模式，但是在中国和其他很多地区外国文化模式还相当盛行。

跨文化模式是基于这样一种观点：即不同文化之间有着必然联系。它除了继续强调目的文化的教学之外，将目的文化与本族文化的关系纳入教学内容，主张进行文化比较，来消除文化中心主义思想，培养文化相对论的思想。目的语言和文化是教学的重点，只是教学目标不再要求学习者成为"native speakers"，而是在两种文化之间搭起一座桥梁，用目的语言与之进行交流往来。这一外语和文化教学思想从20世纪80年代开始逐渐流行。美国、英国等国都在教学大纲中明确了外语教学要增强学习者对目的文化和本族文化的理解的要求。

多文化模式强调文化多元化的现象，同一社会和国家存在多种不同的文化群体，尤其是在人口流动频繁的今天，多元文化和多种语言并存几乎是每个社会和国家的普遍现象，因此外语教学必须适应这一形势，不仅要帮助学习者了解目的文化和本族文化，而且要使他们认识到目的文化和本族文化中亚文化（如少数民族的文化）的存在和特点，以及世界其他主要文化群体的存在和特点。外语学习的目的仍然是培养学习者跨文化交际的能力，所不同的是，"native speakers"不再是外语学习的目标。多文化外语教学在文化多元现象突出的美国和欧洲已经得到重视。

外语教学究竟应该以哪种文化为目标进行教学一直是一个令人困扰的问题。世界人口的流动，大众传播的发展，经济全球化的推进使得各种文化之间广泛接触，相互渗透，语言和文化现象变得极为复杂。面对复杂的文化和语言选择问题，超文化模式以个人生活和跨文化交际的需要为出发点，提出采用第三种语言（即中介语）和第三种文化身份（即 transcultural identity）。这一思想受到很多外语教学和跨文化交际专家的积极响应，成为目前文化教学最新潮的模式。

文化作为外语教学的有机组成部分已经被各国的外语教学工作者普遍接受，由于社会环境和历史背景不同，文化教学研究和实践各具特色。

3. 外语教学是跨文化交际的重要途径

语言是文化的符号，即"符号文化"，文化是以人为核心的广义文化，即"人化"，交际是符号系统、语用系统和文化系统的"信息转换"，外语教学是一种"交际"，即文化适应。前面有关语言、文化、交际、跨文化交际的界定和描述告诉我们语言是"符号"，任何外语教学都必须明确要学会所学语言，就必须学习和认识语言符号系统所具有的形式与意义及其组合规律。语言又是"文化的符号"，完整的外语教学不但要考虑所学语言结构系统、语义系统和使用系统所包含的文化背景知识以及所学语言国的社会文化因素，还必须充分考虑到教、学二主体的社会心理因素和社会行为因素。交际是不同文化背景的人们进行的信息转换，因此必须符合"符号信息共同性""文化信息共享性""语用信息一致性"和"文化定型适应性"等要求。教学是"交际"，因此任何外语教学都必须把语言作为跨文化交际的工具来传授，也只有在跨文化交际中学习者才能真正学会使用所学外语。可见，外语教学就像一根针，把语言、文化、交际串在一起，编织在一起，是成功进行跨文化交际的重要途径。

4. 大学英语拓展课程中跨文化教育的必要性

当今社会，现代化的交通运输和通信手段使各国人民频繁接触成为可能，在一定意义上将世界变成了"地球村"，英语学习的重要性凸显。在国际交往中，人们发现只懂得语言并不能解决所有的交际问题，其中文化是一个不容忽视的重要方面。对于外语学习者而言，学习一种语言也就意味着学习一种文化，所以，全球化和多元化的时代特征客观上要求现代的英语教学应加快从早期的纯语言技能教育向思想和文化教育的转变。通过深入学习、了解与自己生活习惯、思维定式全然不同的他种文化，拓宽视野，丰富自己，在与他种文化的比照中深入地认识自己、提升自己。大学英语教学在尊重不同文化的前提下，很有必要为促进不同文化间的相互了解、相互借鉴，有目的、有计划地实施跨文化教育。这种必要性主要体现在以下四个方面。

（1）提高大学生语言学习能力的需要

随着社会语言学的建立和发展，人们越来越重视语言的功能和语言使用的研究。美国语言学家萨丕尔（Sapir Edward）在《语言》一书中指出，语言有一个环境，语言不能脱离文化而存在。在一定意义上，可以说语言是某个民族文化、风俗习惯的一面镜子。

脱离文化去理解一种语言，既是不现实的，也是不可能的。当今社会是一个文化多元的社会，各种不同文化、不同社会背景的人的交往首先是通过语言交流实现的。不理解交际双方在语言知识、文化背景知识方面存在的差异，在跨文化交际过程中由文化差异导致的误解在所难免。因此，学习语言必须学习相应的文化。学习外语，也得了解相应的文化传统和文化本身。作为高校英语教师，必须正确理解和处理语言与文化内在的丰富内涵，在英语教学中不能单纯注重语言教学，必须加强语言的文化导入，引进跨文化交际学的理论和方法，帮助学生理解目标语文化以及相关的交际期待，即不仅要让学生掌握正确的语言形式，而且要重视语言运用是否恰当——对于语言形式正确而不符合身份或场合的话应该指出来，让他们能根据不同的话题、语境、文化背景恰当运用语言，使学生逐步获得社会语言学方面的"敏感"。外语教学的任务是培养在不同文化背景下进行跨文化交际的人才。其根本目的在于实现用外语进行跨文化交际，既要重视语言内部的形成与结构，又要重视与语言教学密切相关的跨文化教育。教师应把语言基本知识放在文化教学的大背景下进行，从而培养学生的语言能力。

语言推动着社会的进步与发展。语言是人类在长期的劳动生活文化创造活动中产生的，在其产生、发展和变化过程中，它必然会受到本民族文化的制约和影响。从小耳濡目染本国文化的中国学生在学英语时，思维上的定式往往自觉不自觉地以本民族的文化来看待目的语文化，这种文化上的干扰势必导致学生对所学内容的不理解。大学英语教学不能仅从本国文化的心理去考察语言差异，而应兼顾不同文化背景的人们所共享的信仰、价值观念、时间观念、行为准则、交往规范以及认知模式等方面的差异，即目标语语言系统和交际原则。在传授必要的语言文化知识的基础上，进行文化差异方面的比较，注意词语的文化内涵、句法功能和搭配关系的异同，这是了解中西思维的差异在文化及语言中表现的有效途径。重视语言的文化差异，进而自觉培养一种文化洞察力，既是实施交际教学原则的要求，也是进行跨文化教育和国际交流的迫切需要。

（2）促进大学生社会性发展的需要

人总是处于社会关系之中，并承担一定的社会角色。个人与社会之间是相互依赖的。人在社会中生存和发展，必须学习、遵循一定的准则，才能适应社会的需要。

在世界科学技术飞速发展、信息量剧增的时代，人与人之间的相互交流、联系与合作更加重要,当代大学生更应该重视发展自己的社交能力。通过跨文化教育提高、培养学生跨文化交际、交流、与不同的人进行合作的意识和能力,有利于他们认识到不同群体、不同文化背景的人都为世界的发展、社会的进步做出了自己的贡献,并认识到世界的发展、社会的进步最终还是要靠全世界人们的通力合作才能实现。所以,跨文化教育与大学生实现社会化的目标不谋而合。

跨文化教育还是保持、发展不同群体间差异与多样性的途径,其目标与理念是追求平等、尊重差异和倡导合作——平等地看待每一个学生、为每一个学生提供学习与发展的机会,不论他们来自什么文化背景、有什么生活习惯或认知风格。跨文化教育就是要充分发挥他们自己的聪明才智,使每一个学生的知识与能力都能得到最大限度的发展。

跨文化教育应该使学生认识到,一个人不可能穷尽所有知识,也不可能完全独立地解决所有问题,互相尊重、平等合作的精神和能力是他们在现代社会和未来社会生存与发展的最基本的能力。跨文化教育致力于让学生学会合作、追求平等和尊重差异,获得在现代社会生存与发展所需的基本技能,所以它是大学生社会性发展的需要。

(3)加强文化交流和发展本土文化的需要

语言是交际的工具,人们学习语言的主要目的是交际,所以,从某种程度上讲,交际能力的强弱便成了衡量英语水平高低的一种尺度。在日常教学活动中,教师应对学生交际能力的培养给予足够的重视,使学生对所学语言国家的文化有所了解,能根据话题、语境、文化背景恰当运用语言。这不仅是大学英语教学的目标之一,更是国际文化交流的迫切要求。

面对网络时代的文化渗透,要保持文化的封闭状态是不可能的。英语教师要帮助学生通过了解外来文化建构民族意识,形成民族自豪感,要通过跨文化教育帮助学生认识到文化没有优劣之分,不同民族的文化具有平等的对话、交流的资格和权利。我们必须探讨如何面对外来文化,才能在跨文化交际中寻找各自的优势,自觉地进行文化沟通,参照、借鉴和学习。要培养具有跨文化人格的人才,适应现代社会的发展,外语教学必须高度重视跨文化教育。

学生通过所学的语言材料了解其中的民族文化,一方面可以受到国外文化的浸润，在潜移默化中感受中外文化差异，另一方面，也有利于学生对本国传统文化的认知。只有对本民族文化充满自豪和自信，才能在跨文化交往中更好地求同存异，保持自我，表现出较高的文化素养和独立的文化人格。可见，进行跨文化教育，教师要高度重视文化差异对跨文化交际的影响，将文化教育融入大学英语教学中，要时刻以弘扬民族文化和民族精神为己任。

（4）顺应高等教育国际化发展趋势的需要

跨文化教育是高等教育发展的一种新趋向。它有助于我们学习国外的教育理念和模式，将本土经验与国际经验相交融，从而进一步促进我国高等教育的发展。

21世纪，高等教育领域所进行的跨越国界、民族、文化的交流与合作正在进一步发展和深化，国际化是其发展的必然趋势。首先，高等教育面对的不仅是国内市场的挑战，还有世界大市场的挑战。对国际型人才的需求在全球范围内有增无减，这无疑对世界各国的教育改革、教育的一体化和国际化起到推波助澜的作用。其次，高等教育合作是一种世界各国文化平等、双向碰撞、交流融合的过程。世界各国，特别是实行开放型经济的国家无不将其视为促进本国与国际社会的经济交流、迎接国际经济竞争挑战的一种战略性对策。世界各国对商品、服务、信息，尤其是人员的跨境开放，已经使高校成为加速全球一体化进程、增加相互了解的一股强大力量。越来越多的高校采取派出与引进相结合的方式不断增强自身的竞争力，并开始从培养各类高级人才的全球意识和国际交往以及跨国工作能力出发来关注、强化跨文化教育。我国外语教学应顺应这一潮流，在加强英语教学的同时，进行文化教育。作为文化载体和传播媒体的跨文化教育不仅具有传播、融合异质异域文化的功能，而且对国际经济交流、科学技术的发展也有促进作用。应鼓励在外语教学中采取比较和跨文化的研究方法，鼓励开设交叉学科，增加人文社会科学教育，加强各院校、学科、专业之间的沟通与互补，使外语教育和外国文化教育结合起来，使跨文化教育发挥应有的功能并取得良好的社会经济效益，朝着培养复合型知识结构的人才方向迈进。①

跨文化教育是一种新型的教育理念和教育价值取向。首先，它通过改变认知结构，更新观念意识，激发每一个不同文化个体的创造热情，营造有利于创造力活动及创造力人才的文化氛围。其次，跨文化教育的双语教学能激发创造思维。双语学习者可以从两种语言的角度去感知世界，用不同的方式组织和应用知识。一方面参与两种不同的文化群体活动，了解两种不同文化的产生、发展的实质以及差异，分析各自利弊长短，有利于汲取精华，剔除糟粕。另一方面跨文化教育对异质文化的包容、尊重、批判和吸收的理念，为创新型人才的培养提供了不可缺少的"土壤"和"气候"。我国高等教育完全可以在跨文化教育理念的倡导下，更新教育思路，改变现行的教育方式，营造具有文化包容性的、激发创造力的活跃的教学环境，鼓励学生摒弃以自我为中心的妄自尊大心态，思考各种文化互融互惠的益处，在知识上相互补充，在文化观上相互影响。作为发展中国家的高等教育，要加强与世界先进国家之间的联系，迎接高等教育国际化的发展新趋势，必须通过跨文化教育培养能够进行跨地区合作与交流和对异国文化有深刻理解力的人才，这就要求我们在英语教学中重视跨文化教育，尽快转变观念，提高认识，采取措施，将之提高到应有的高度。

（二）大学英语文化类拓展课程的多模态教学——慕课

作为课堂教学的辅助，慕课提供了丰富的数字化资源。学生可根据自己的水平、兴趣、需求和计划选择课程，灵活安排时间自主学习并完成评估。但是，传统的大学英语文化类拓展课程教学主要以课本和相关课件为依托，教学资源不够丰富，因此慕课的出现给予学生更加多样化的选择。当然，结合具体的大学英语教学实践，不同院校的大学英语慕课需具体化和特色化，符合学生的英语学习实际水平和能力培养需求。混合式教学模式可创造高效和广泛的学习交流空间，注重学生在学习中的自主性和协作性，有利于教学活动的开展。②

---

① 李宇峰. 英语教学与学生跨文化交际能力的培养 [D]. 大连：辽宁师范大学，2006：33-34.
② 杨芳，魏兴，张文霞. 大学英语混合式教学模式探析 [J]. 外语电化教学，2017（01）：21-28.

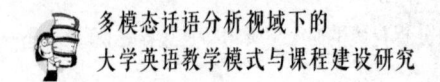

1. 慕课在大学英语文化类拓展课程教学中的应用

在大学英语文化类拓展课程的教学过程中，教师应合理规划线上和线下课程，引用慕课展开智慧教学，结合功能完备的数字 App 展开混合教学，根据学生已有的知识层次因材施教。学生通过慕课观看单元主题视频、重要语言点和语言技能介绍，在课堂上模拟真实文化情境，并完成大量的跨文化交际情境操练。学生可以根据自身学习能力和水平，自主选择学习时间，调整进度安排，反复学习重难点，并与教师和同学在线交流，培养语言使用能力、对外传播中国文化的能力和跨文化交际能力。

2. 建构慕课与传统课堂混合的三维教学模式

根据《大学英语教学指南（2020版）》，以建构主义学习理论为指导，S校在大学英语文化类拓展课程中实施了基于慕课平台的混合教学：以教学内容为本，以学习成效为导向，在课前、课中和课后三个阶段，从传递、内化和输出三个维度，建构了慕课与传统课堂混合的三维教学模式，实现了创新学习的目的。

（1）课前—课中—课后

基于慕课平台，采用课前慕课＋课堂教学＋课后慕课的教学形式，以数字技术为支撑，教师指导为辅助，学生开展自主式和个性化学习。通过每个节点的知识输入与输出，学生在相应情境中实现对所学知识的新建构。教师利用现代化技术创设虚拟教学环境，与真实课堂相结合，使学习成为交流合作的互动过程和师生共同参与探求知识的过程。

以跨文化交际课程为例。每个单元教学设置包括两课时的慕课及四课时的课堂教学和在线测试。课前，教师由传统课堂中课程的执行者转变为研发者，通过QQ或者"雨课堂"等在线教学平台发布视频，介绍单元内容、相关文化背景和教学重难点，并发布与主题相关的课外拓展视频。学生先完成第一个慕课课时：阅读单元介绍与教学大纲及目标，了解导入中的跨文化误区，观看视频，预习单元内容，再将其中的疑问记录下来。通过独立讨论区，学生互助解决跨文化交际场景中的一般性问题。同时，教师也可通过互动平台及相关的数据分析，了解学生遇到的共性问题和疑难点。接下来四个课时的课堂教学则提供了学生与教师互动的平台，教师组织并引导学生强化所学内容。在课堂教学中，围绕之前发布的教学视频和导入问题，教师带领学生走进教材，步入不同文化下的真实情境。学生分组派代表进行口语展示，将语言输出与不同文化下的语境相结合，充分发挥主观能动性，提高英语的口头表达能力。之后，教师讲解学生在课前遇到的共性问题和疑难问题，通过提问的方式引导学生互相分享对跨文化交际的理解，采用科学途径，高效实现教学目标。学生不再是知识的被动接受者，而是以已有知识为基础，在真实的教学环境中，主动学习并积极建构新的跨文化交际知识并加以应用。第二个慕课课时是对教学内容的总结和提升，教师发布视频，总结本单元强调的跨文化交际要领，通过平台发布作业，分为：集成练习，如填写表格等；和同伴互评的开放作业，如思辨式短文写作等。学生复习本单元，为跨文化场景中的口语表达或短文写作奠定基础，之后完成作业，强化所学内容，将其内化并完成输出，再通过在线机评、教师点评和同伴互评，进一步完善对语言的应用和对文化的理解。此外，测试题库也为学生提供了检验所学知识的凭据。针对每个单元，教师发布相关测试，与大学英语能力等级要求相关联，同时检测学生的跨文化交际能力。学生完成测试，经过数字化的评改，教师将量化的考核结果归入对学生学习的形成性评价。此外，教师可发布与课程相关的网络学习资源，充当学生与网络世界之间的中介，帮助学生有效利用丰富的信息资源，进一步完善对所学内容的掌控。通过线上—线下—线上的三维循环，跨文化交际课程的教学真正实现了以学习者为中心，学生、环境、学习、方法和信息技术等基本要素在整个教学系统中相互作用，相互适应。在教学系统各要素的动态平衡中，学生开展积极主动式学习，完成对所学知识新的建构，并予以拓展和创新。

（2）传递—内化—输出

根据建构主义学习理论，学习不仅是简单的记忆知识，还是在已有知识的基础上，由学习者接纳信息，将原有知识和新知识进行融会贯通，内化后构建新的知识体系，并完成语言输出。[①]

首先，在认知层面，在大学英语文化类拓展课程教学中，学生通过与教师的互动、与同伴的互动以及与信息技术的互动完成对文化知识的学习。

---

① 丰玉芳. 建构主义学习设计六要素在英语教学中的应用[J]. 外语与外语教学，2006（06）：33-36.

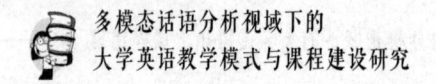

大学英语慕课为知识传递提供了平台,教师可制作微课,学生在线观看微课,积累语言和文化等知识、习得听说读写等基本技能,为完成知识内化奠定基础。其次,在学习策略层面,通过师生共同参与线上交流与课堂教学,学生运用认知策略、交际策略和调控策略等,习得新的知识。通过在线平台,教师对教学过程展开创意构想,以学生为主体规划教学过程,在教学中应用简短的背景视频、穿插性的即兴提问、情景模拟、启发式讨论等,促进学生深层次参与,完成认知内化和意义建构。最后,学生在教师积极的引导下,共享教学材料和相关信息,主动探索、学习和分享,互相协助,建构对文化的应用和拓展,并转化为语言和文化的双重输出。

　　慕课与课堂混合的大学英语文化类拓展课程实现了超于文本之上的整体教学。教师在教学材料中融入丰富素材,将英语学习与实际生活、多元文化及社会热点话题相结合,集培养学生的听说读写译综合能力,组织和指导整个教学过程。学生在多元互动中,通过观看课程视频锻炼听力技能,在生活化的交际情境中提升英语表达能力,进一步培养联想、迁移等能力,为完成语言输出做好准备。

第八章　多模态话语分析视域下的大学英语教学模式改革与课程建设的实施路径

信息技术的不断突破发展，使得整个社会的智能化、信息化、网络化特征更加明显，全覆盖式的信息化环境正在逐步形成。沉浸式的学习环境、新兴的技术手段、飞速变革的信息传输模式，给人们学习知识、掌握知识以及应用知识等带来了新的要求和挑战。如今，大学英语教学模式逐渐向多模态转变，并与多模态话语理论结合，促进和提高了其教学效果。在多模态话语分析背景下，我国大学英语教学要与时俱进地改变传统教学理念、加大教材改革力度、完善教学评价体系、强化多模态教学、加强课程建设力度。

一、转变传统英语教学理念

随着信息时代的到来，全球经济一体化、国际交流在各行业、各领域不断加深，我国对专业人才的外语、特别是作为国际通用语言的英语能力的要求越来越普遍，对更深层次英语能力的要求也更加突出。在国际交往中，关键人员的英语跨文化交际能力直接影响着各领域的国际交往、科技交流的进程，乃至决定项目合作最终能否成功。英语的有效运用能力和跨文化交际能力十分重要。这就要求我们首先要转变英语教学理念，确立多元文化观的课程理念：明确大学英语课程的人文属性，立足于当代大学生多元文化的个体需求，以学生个体发展为本位，重构多元化、个性化和层次化的大学英语课程培养目标，不断提升大学生的人文素养和跨文化交际能力。

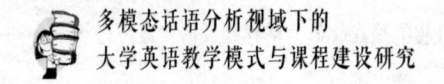

（一）体现跨文化交际的人文性目标

从课程性质上说，大学英语是高等学校人文教育的一部分，兼具工具性和人文性的双重性质。工具性，主要指大学英语教学是基础阶段英语教学的提升和拓展，能进一步提高学生听说读写译的能力以及专门用途或者学术英语和职业英语的能力。人文性，主要体现在通过大学英语这种跨文化学习的过程，增加学生对不同文化的理解，丰富其认知结构和人生体验。人文性的核心是以人为本，弘扬人的价值，注重人的综合素质培养和全面发展。英语的工具性和人文性的性质早就受到重视，但在实践中一直存在"两层皮"的现象。人文精神的缺失已经引起很多专家学者的注意。在教育领域，不仅是大学语文课程在呼吁教育要重视人文精神的培育，数学、体育、物理等多门课程都发出了共同的呼声。教育归根到底是培养人，不是培养有知识的机器。如果我们的教育在教授知识的时候能花点时间让学生们体验知识所包含的人文情怀，帮助学生在体验中辨别善恶美丑，懂得调节自我情感，懂得采取合理的方式处理人际关系，而不是匆匆地去记住某个知识点以换取考试的高分，现在的社会就会少一点追本逐利之心，而多一点精神上的美好。

那么，大学英语教学是否应该承担这样的使命？能否承担这样的教育责任呢？答案是肯定的。大学英语教育从来就倡导工具性与人文性并重，但效果并不显著。原因在于，二者在实际教学中处于割裂的状态，并没有有效结合。二者在教学中形成的状态可以归纳为：要掌握英语能力，那就是大量记单词、学语法、做题，依靠大量重复训练。可以将现行的教学理念概括为：工具性目标的实现在于训练，人文性目标的实现在于教师的介绍；工具性的掌握程度依据考试来衡量，人文性的掌握程度依据教师讲解的多少。这样的做法必然会顾此失彼，没有效果，有效的大学英语教学必须寻求二者的有机结合。

首先，教师们要开阔视野，即人文教育不是只有文化习俗、人文知识的事实性介绍，还包括更丰富和深层的内容。大学英语教学至少可以从两个渠道来帮助学生接受人文主义的教育。第一种就是文字所记录的思想。大学英语教材所选用的文章，都是富含人生哲理、人文关怀的美文，挖掘这些文字所传递的思想，是显而易见的学习目标。此外，大量的文学作品

第八章 多模态话语分析视域下的大学英语教学模式改革与课程建设的实施路径

深刻地影响着中国的读者，经典的如《简·爱》《傲慢与偏见》《呼啸山庄》，充满幻想的《哈利·波特》，充满传奇色彩的《非同凡"想"：乔布斯的创新启示》等，这些既作为语言学习资源受到英语学习者的青睐，又作为感悟人生、开发想象、鼓励成功的典范，深深地滋养了无数的中国读者。第二种是大学英语所忽视、主要作为英语专业学生学习的课程内容——语言与文化。例如，在教学中经常会遇到颜色词、动物词汇，它们所反映的文化差异完全可以作为非英语专业学生学习的内容，有助于激发学生对语言的兴趣，拓展知识面。

其次，教师要引导学生充分利用文化对比的方式，培养学生对文化差异的敏感性，深入理解本土文化。以"as poor as a church mouse"为例。当学生在阅读或者听的过程中了解该习语后，教师可以抓住契机，生成新的话题让学生去寻求答案，如西方和中国分别有哪些主要宗教派别，"mouse"在英语和汉语中的比喻意义，有哪些动物在中西文化中有相同或者相异的象征意义，等等。教师提出类似的选题供学生参考和选择，学生也可以围绕该习语确定自己喜欢的选题，在围绕选题查找资料、小组讨论、课堂展示或者小论文写作的过程中，学生会运用英语去"做事"，"完成任务"，并对自己的本土文化和他国文化有深入的了解。

大学生已经具有相当的学科知识、生活知识，以及良好的思维能力，在英语方面，他们已经具备较为丰富的英语语言知识和一定的语言运用能力，他们需要有真实运用语言的机会，以促成陈述性知识向程序性知识的进一步转化，需要真实、有意义的任务去训练他们的思维能力，丰富他们的知识。如果大学英语教学中将英语作为人文教育的重要工具，实现英语在"用中学""学中用"，达到英语工具性和人文性的统一，一定能够让语言教学脱离机械的、浅层次重复的窠臼，真正促进学生的思想和语言的发展，从而提高学生的兴趣，达到教学效果的即时性与持久性的统一

（二）体现差异性的分级教学目标

《大学英语教学指南（2020版）》提出的大学英语教学目标是"为适应我国社会发展和国际交流的需要"，但同时又明确指出，我国地域广阔，不同地区、不同高校之间存在着较大的差异，为此在大学英语教学当中应

当注重分类指导、因材施教的推行,注重满足个性化教学发展的需要。[①]不同区域的经济社会发展水平不同,各个高校的不同专业对大学英语所提出的要求不同,并且不同的班级及年级所展现的英语能力也不同,学生在学习需求上不尽相同,因而必须在大学英语教学目标要求上体现差异化。

根据学生现有的英语水平,设计和实施不同层次的教学行为,设定差异性的分级教学目标并开展分级教学,有利于促进具有不同学习水平和学习能力的学生的学习潜能得以充分发挥,有助于教学目标、教学内容与学生的实际需求和水平相一致,有助于做出合理科学的教学组织和安排,有利于因材施教的教学策略的实现,有利于英语学习能力强的学生个性化发展,有利于英语水平、英语语言能力、英语学习动机欠缺的学生的潜能得以释放。

设定差异化教学目标的具体做法如下。首先要了解学生的学习成绩,如通过高考英语成绩,或学校英语能力测试,或调查研究,确定学生的学习实际情况和诉求。根据学生的考试成绩、入学时的英语语言应用能力和英语学习动机强度的差异,把学生分成若干等级。其次,要分别制订出不同等级的教学目标和计划,通过调查研究,进一步了解各级学生的学习目标、风格、策略及其英语语言学习能力等方面的情况,并以此为参考,为各等级确定适宜的教学方案。教学方案中既要有宏观目标——各等级总体发展目标,还要有微观目标——具体到每一个班级在一个学期、一个单元,甚至到一节课的教学目标,满足各级学生的学习需要,弥补学生的实际需求与课程目标需求的差异,使每个学生都能据此明确学习方向,尽其所能取得更大进步,把个性化教学目标真正落实到位。

教学活动的起点和终点都应当集中在教学目标上,教学目标将会对各项教学活动起到指导和推动作用。不同学生在学习潜能、学习动机、个性和认知风格等方面普遍存在差异,因此,教师应在课前设定教学目标时充分考虑这些个体差异,准确把握教学要求,尽量满足不同学生的个性需求,制订出适合各层教学的、多元的、有差异的、具体可行的目标。同时,教学目标的构建不能拘泥于课程目标,不能一成不变地以教材和大纲为纲,

---

① 教育部高等学校大学外语教学指导委员会编. 大学英语教学指南(2020版)[M]. 北京:高等教育出版社,2020.

应结合学生实际情况，对教材和大纲进行有意识的修改、调整、增减和扬弃。根据差异化教学目标，设计多元化的教学目标方案，要始终把学生的需求放在首位，以学生为中心，把学生当作课堂的主角，把学生的学习策略、学习能力和学习效果当作主要目标，采用各种教学形式、教学媒介、教学方法和教学行为，尊重学生的智力特点和学习能力，为学生创设各种真实的学习和交际情境，适应和满足不同学生的个性需要，使不同的学生都能在差异化的教学目标和教学设计中，体验到学有所成、学以致用的乐趣，提升学习动机强度，使个性化得到最大程度的发展。

制订分级教学目标或差异性发展目标就是要强调和尊重这些差异性，同时，明确的分级教学目标还可以激发各类学生的学习兴趣和动机，促进各个分层目标的实现。当前很多高校实施的分层或分级大学英语教学，符合个性化英语教学目标要求，根据不同教学目标实施有目的的英语教学活动与实践，促进了大学英语基本目标的实现。

（三）体现多元化的分类教学目标

布鲁姆的认知目标分类修订的二维框架为构建大学英语多元化的分类教学目标提供了理论支撑。二维框架以教学内容为纵轴，以学生的学习水平为横轴。[1]纵轴是学习内容的分解，即"知识维度"，包括从具体到抽象的四种知识：事实知识、概念知识、程序知识和元认知知识。也就是说，任何学习都可以是其中的一种知识学习。横轴是指学生的学习水平，即"认知过程维度"，包括从低级到高级的六个认知过程：记忆、理解、应用、分析、评价和创造。知识维度和认知过程维度所构成的二维框架中每一种具体结合为我们依据分类教学目标指导教学实践提供了广阔空间，也为落实课程标准提供了便利。简而言之，"一个教育目标的陈述包括了动词和名词。动词一般说明预期的认知过程；名词则一般说明期望学习者所获得或建构的知识"[2]。目前我国的大学英语教学还停留在传授知识的层面上，课堂所采用的方式还是传授知识型模式。例如，大学外语阅读同样大多仍

---

[1] 项平. 谈二维教学目标体系的构筑[J]. 上海教育科研，2009（09）：74.
[2] 盛群力，褚献华. 布卢姆认知目标分类修订的二维框架[J]. 课程·教材·教法，2004（09）：95.

停留在对词的识别、句法结构和文章字面意义的理解上。[1]这样的教学目标仅基于"知识"的单一维度，忽视了"认知过程"维度，据此培养出来的学生显然不能满足社会对其能力的要求。因此，有必要借鉴布鲁姆的认知目标分类修订的二维框架理论来指导制定大学英语多维度的分类教学目标。在制定多元化的分类教学目标之前，学生的个体差异是教师需要考虑的重要因素。学生个体的差异除了表现为学习效率、学习能力、学习效果、学习适应性和学习动机的不同外，还表现在相异的学习期望、学习策略、学习目标和学习主观需求等几个方面。教师需要综合采用观察、成绩查阅、问卷调查等方法，完成对个体学生差异的评估、研究和分析，进而掌握学生学习之前的状态准备情况，从而从不同的需求角度和不同的学生特征方面考虑，依据学生不同的特点和学习习惯，制订出多元化的教学目标，多层次地分类指导教学。下面以大学英语阅读教学课程为例。

按照课程要求当中的标准，该阶段的阅读理解能力应当划分为三个层次，分别为"一般阅读理解能力""较高阅读理解能力"和"更高阅读理解能力"。这是基于我国各地区、各个学校的实际情况，依据分类指导和因材施教原则以及个性化教学发展的要求，进行的差异化划分。

1. 一般阅读理解能力

即学生对英语文章能够基本读懂，可以在词典的帮助下对英文报刊文章进行阅读；能够对生活以及工作当中常见的材料文本进行阅读；能够使用比较好的阅读方式实现阅读需要。根据二维框架，"一般阅读能力"含有两个维度：一是"知识维度"，即文章中的词、语法结构和篇章的字面意思；二是"认知维度"，包括了理解和标记。从认知维度来看，具体制定不同的知识维度教学目标，如对"事实知识"（篇章中的词汇和语法知识）以及"程序知识"，也就是阅读方法，提出了相应的要求。对此，需要从认知维度上实现对阅读文本的解读，并且在认知维度上的教学目标需要具体进行指定，包括理解认知以及标记认知等，进而最终实现目标的可操作性、层级性。[2]

---

[1] 李慧. 阅读与阅读现状分析 [J]. 解放军外国语学院学报，1999（06）：77-78.
[2] 李慧. 阅读与阅读现状分析 [J]. 解放军外国语学院学报，1999（06）：77-78.

2. 较高阅读能力

即学生必须能够对英语国家大众报刊的文章进行阅读理解；能够掌握专业的综述性文献阅读，可以了解文中大意，能够抓住细节等。该阶段包括了知识维度从具体到抽象的不同知识内容，分别有事实、概念、程序、元认知等，以及更多从低级到高级的认知维度过程，如应用、分析和评价等。如果第一阶段的阅读目标达到了，即学生在认知水平上已经实现了对相关知识的识记、理解和运用，那么，分析和评价阅读文本才有可能。布鲁姆的目标分类理论提出，阅读能力和认知水平划分之间存在相对应的关系，这种关系属于螺旋上升的关系。[1]

3. 更高阅读能力

即要求学生可以针对难度较大的文章展开阅读，并且可以掌握文章的大意，关注文章的细节；可以对国外报刊上的文章进行阅读；可以对所学专业当中的英语文献进行理解和阅读。这里难度较大的，就是在文章的遣词造句以及布局上，要求学生能够开展更深入的解读，所以学生需要具备较高的英语水平和认知水平，这就包括了学生的创新认知水平和评价认知水平。从布鲁姆的目标分类理论来看，教学的最终目的在于加强学生创新能力培养，使学生在实际教学中能够有效地进行想象和联想，进而实现文章主题思想的扩展，并开展批判性阅读。这里的批判性阅读就是实现创新和评价的条件。批判性阅读将会成为未来大学英语阅读教学的主要发展趋势。[2]

综上所述，分级分类的大学英语教学将学生的个别差异当作一种教学变量，纳入个性化教学理念和教学方法；对不同层次、不同需求的学生，提供不同的课程设置和教学内容，设定不同的教学目标，选择不同的教学方法和手段，有利于不同英语学习能力和水平、不同英语学习目的的学生释放学习热情和潜能，尊重学生的学习个性。因此，分级分类的教学目标不同于过去简单的分层教学，并不是简单地将学生整体分为若干部分，形成传统的快班、中班和慢班，使学生产生等级意识，容易挫伤部分同学的

---

[1] 李慧. 阅读与阅读现状分析 [J]. 解放军外国语学院学报, 1999（06）：77-78.
[2] 祝珣, 马文静. 布鲁姆教育目标分类理论对大学英语阅读教学的启示 [J]. 中国大学教学, 2014（09）：67-71.

积极性，引起部分学生不思进取。分级分类教学目标与传统分层教学目标的主要区别就在于，必须有个性化教学的参与，才能充分关注学生的学习状况、学习效果、学习情感和个性化发展趋势。基于这样的理念，分级分类教学目标的制定应考虑以下几点。首先是班级数量分布。不同级别、类别班级数量的分布应呈现正态分布，即学习水平较高或学习水平较低的班级数量应占全部班级数量的少数，应满足大多数学生的学习诉求。对满足不同职业发展需求或个性化兴趣的大学英语课程，多以专门用途英语课形式出现，其数量也不应占班级总数的多数。这样在制定大学英语个性化教学目标时，才有重点，才能集中教学资源，教师才有精力实现这些教学目标。其次，要考虑专业背景和兴趣爱好，这两方面相似的学生应相对集中于某一层级或某一班级进行英语学习，因为相同的专业背景、相同的兴趣爱好，有利于老师制定有效的教学目标，设计与学生相关的个性化学习任务，才能在学生个性化的教学中，找到共性的目标需求。最后，在制定分级分类教学目标时，还要考虑学生的情感因素："促优"不会滋长学生对大学英语学习的骄傲情绪，"补差"也不会造成学生对大学英语学习的懈怠和放弃。不同级别的教学目标要融合每一层次应有的教学活动，创建活力课堂，因材施教。分级分类的教学目标不是对智力、气质、性格、意志等的分层。教师要让学生认清分级分类的目的，要发现学生的个性特点，对症下药，解决学习当中存在的个性化问题，实现共同成长。

二、加大教材改革力度

深化教材改革的目的是要打破以教为主、以四、六经考试为主的思想。

（一）根据分层教学要求选用优秀的规划教材

积极采用和开发适合于本校实际情况的专业英语规划教材，同时充分利用现代教学技术手段体现个性化的教学，开发或购置基于网络的英语教材，为广大学生提供自主学习的网络平台和资源。

（二）多模态教学要求大学英语课程资源必须实现多样化

课程资源，即开展教学课程的有效条件，同时也是课程要素的主要来源。从结构上看，课程资源分成校内、校外两大类。校内课程资源指的是教科书、师生个人的经历、生活阅历或是学习方式，以及教学策略等。它们是重要的课程资源，而专用教室或是校内活动同样是关键的课程资源。校外课程资源，大致包括校外图书馆、博物馆、科技馆以及网络资源，还包括乡土资源或是家庭资源等。

笔者认为，个性化教学指导下的多样化课程资源的开发必须兼顾以下几个方面的内容。一是体例上要灵活多样。所谓灵活性，一方面是指课程资源内容的组织上应体现灵活性，即大学英语课程资源的编写要留给教师足够的二次开发空间；另一方面是形式上要体现灵活性，或者说要具有启发性，要能培养师生独立思考问题的意识，不能僵化了师生的教与学的思维。所谓多样性，应允许体现不同特色的课程资源的多种教材版本同时存在，如可编写语言技能型、实用型、知识型、学术型（包括一般学术英语和专业学术英语）等。二是在内容选择上要体现专业切实性和层次性。所谓专业切实性，就是说，大学英语课程资源必须考虑学校类型和专业类型，为不同学校、不同专业、不同学习目的的学生选用不同的课程资源。所谓层次性，是指不同水平的学生应选用难易程度不同的课程资源，如基础课程资源（EGP）、培养交际能力的课程资源、专门用途英语（ESP）课程资源等。

（三）教师要强化多种模态教材的编写与运用

教材在一定程度上决定了教师的教学模式，因此，教材的选择是运用教学模式的关键因素之一。根据多模态话语分析理论，教师应该选择在编写和排版上运用多种模态的教材，如图文并茂、色彩搭配和谐的教材。数量合适、位置妥当的图片和文字相互补充的效果好于单一的文字所起的效果，为学习增添了趣味性，从而帮助学生更好地理解文章内容。除了教材之外，教师还可以充分利用多媒体，使用或向学生推荐多种模态相结合的电子图书。

在课外，教师可以从多方面引导学生，实行教学资源传送的多模态。教师可以推荐学生收听英语广播、登录优秀的英语论坛和英语学习网站、收看英语电视节目等；也可以建立QQ群或微信群，跟学生进行互动、向学生传送资料，有利于学生开展自主学习。

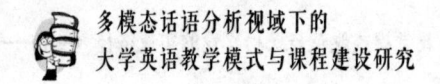

三、完善教学评价体系

评价，即主体对特定的评价对象做出量化分析或价值判断。评价过程中需正确看待评价客体。

（一）遵循评价原则

在具体操作过程中，大学英语多模态教学需遵循如下原则：系统性原则、可操作性原则、灵活性原则和发展性原则。

1. 系统性原则

大学英语多模态教学评价是一个多维度、多层次的评价系统，系统内部存在着特定的结构，其中各个构成要素形成一个密切联系的有机整体。系统性原则认为，事物是由具有内在逻辑关系的要素组成的整体，各个要素之间是一种有机的存在，作为整体的一部分，各个要素对整体功能的发挥具有重要的作用。系统性原则是大学英语多模态教学评价的首要原则。首先，从共时性的角度看，大学英语多模态教学评价是一个整体性的评价，不仅涉及对教师教学质量的评价、学生学习效果的评价，而且还涉及对整个教学过程的评价。它是对大学英语多模态教学活动的整体性评价。只有遵循系统性原则，才能确保对大学英语多模态教学评价的科学性和全面性。其次，从历时性的角度看，大学英语多模态教学评价不仅仅是特定时间或者特定情境的教学评价，还是对大学英语多模态教学活动的全程性评价；不仅涉及教学活动的导入、教学过程的实施、教学结果的评定，还包括对每一环节各个要素发展的整体性诊断，因而大学英语多模态教学评价是一种系统性的、全面性的教学评价。

2. 可操作性原则

可操作性是教学评价能否实施并获得预期效果的关键因素。大学英语多模态教学评价能否实现对大学英语教学的精准诊断，关键在于各项指标是否在教学过程中落实，确保没有流于形式。为此，各项指标必须要切实体现教学主体行为、教学进度、教学效果，等等。这就需要对大学英语多模态教学活动进行维度分析，并根据各个维度制定二级、三级等指标体系以及各类各级指标的权重分配。通过可操作性的指标体系，有助于实现对大学英语多模态教学的可视化评价，并提升大学英语多模态教学评价的科学性和操作性。

3. 灵活性原则

灵活性原则主张根据评价对象的客观情况进行适时合理的评价，而非采取统一的评价标准、评价程序进行机械评价。大学英语多模态教学是一种富有文化特色、个性色彩的教学活动，其多样化的特征意味着大学英语教学不同于日常教学，具有自身的独特之处，所以大学英语多模态教学评价需要遵循灵活性原则。一是根据不同的评价对象，实施差异性评价，尤其是针对不同类型的教学活动，需要开展针对性的教学评价；二是对于不同情境中教学对象，需要实施因时因地的教学评价，而非同一式的整体评价。大学英语多模态教学评价的灵活性原则虽然增强了大学英语多模态教学评价的难度和复杂性，但却大大提高了大学英语多模态教学评价的针对性和实效性。

4. 发展性原则

结果导向性的教学评价往往是静态的，它将系统的、完整的并具有变化性和发展性的教学评价简化为一次性的终结性评价，不利于从整体上认识事物的发展过程及其成效。发展性原则主张从动态、变化的视角看待事物，认为事物是处于不断的发展和演变中的。发展性原则是大学英语多模态教学评价的重要原则之一，主张打破以静止、封闭的眼光看待大学英语多模态教学，应从发展层面出发，加深对大学英语多模态教学的认识。发展性原则要求对大学英语多模态教学评价不能就评价而评价，应对教学评价所具有的价值予以挖掘，促使教学评价的实际作用得以充分发挥。为此，大学英语多模态教学评价还需考虑学校、教师与学生的可持续发展，促使三者的发展实现协调统一。

（二）采用综合型的评估方式

长期以来，大学英语教学领域偏重终结性评估，忽略形成性评估。《大学英语教学指南（2020版）》改变了过去以期末考试或国家统一考试的卷面成绩为依据的单一评价方式，设计了综合型的评估方式，包括形成性评估（学生自我评估、学生相互间的评估、教师对学生的评估、教务部门对学生的评估等）和终结性评估（期末课程考试和能力水平考试）。事实证明，

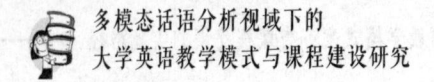

形成性评估比终结性评估所产生的效益和影响重要得多。形成性评估真正有利于以评促学、促教、促管理、促成果、促质量、促效益，因为这种评估和评价是随时随地随人进行的，不断进行的，由自己和他人相互进行的，有具体标准和目标的，多种形式的，包括课堂观察、教师反省、学生反馈、目标描述、调查访问等，所收集的信息或数据能够切实帮助教师、学生和管理人员及时具体改进薄弱环节，因此是评估的真正意义所在。

（三）强化过程评价

传统的考核模式主要是以期末考试为主、平时成绩为辅，对英语教学的促进作用小，学生不能真正认识到英语学习的重要性，因此，多模态的评估体系在多模态教学中是必需的。多模态评估体系应该贯穿于整个大学英语教学中，包括过程评价和结果评价两部分。其中，过程评价在形式上应注重教学过程中细节的考核，改变以往的单一的笔试，添加音频考核、PPT考核、视频考核等模式，这样，学生的英语水平更能客观、清楚、多元化地展现出来，教师也能更加客观、准确地了解并评估每个学生的英语水平。

四、强化大学英语多模态教学

大学英语教学是以英语语言知识与应用技能，学习策略和跨文化交际为主要内容，以外语教学理论为指导，并集中多种教学模式和教学手段为一体的教学体系，着重于学生口语、听力、翻译水平和阅读能力的提高和写作水平的加强。

（一）采用多样的教学方法

除在本书第四章提出的分层教学法、情境教学法、项目教学法、任务教学法和质疑教学法以外，教师还可以采用以下几种教学方法。

1. 讨论式教学法

讨论式教学法可应用于各种程序性知识的总结和项目的完成。通过引导学生课后自主查阅文献，概括出科学的结论，以拓展学生的学术视野，锻炼学生的研究能力。

2. 交际教学法

交际教学法可为学生提高英语应用能力和综合素质提供广阔的发展空间。

3. 合作教学法

合作教学法主要基于英语网络资源。教师要求学生就某一主题或交际话题自主在网上收集有关素材，撰写有关报告、评论同学间可以在教师的指导和督促下开展合作和辩论，有利于培养学生收集和处理信息的能力，并促进其思维能力、创新和合作精神的培养。

（二）采用丰富的教学手段

大学英语课程要求采用多种现代化教学手段，如视频播放、图片欣赏、原声解析等，不仅可提高学生学习英语的热情和积极性，还可以对学生进行大量的技能训练，将知识生动形象地传授给学生，满足学生对提高英语语言技能的强烈要求。高校还应建立内容涵盖课堂教学、课后习题、课后辅导等多个方面的网络教学资源库和课程网站，实现教学资源共享，保障学生的线上自主学习。学生在校内随时可以登录、欣赏课堂实录，温习课堂要点，课后自练自测，系统自动打分、分析错题。

（三）加强多模态教学设计

大学英语教学多模态既应该包括课内教学的多模态设计，还应该包括学生的多模态化的课外学习。课堂的多模态设计是指对教学内容和教学过程进行详细设计。教师尽量最大化地调动学生的积极性，使学生积极参与课堂活动中，促进教学取得良好的效果。教师的教学经验技能、知识面、情感控制能力等影响着整个课堂的教学效果。课堂教学设计的多元化是教师在教学过程中通过提问、互动、反馈、身体语言、面部表情等来进行教学，在各种多模态教学手段的帮助下，让学生主动探索知识。多模态课外学习设计是指学生在课后学习英语的多模态化，学生可以利用各种资源拓展英语学习。

五、加强大学英语课程建设力度

大学英语课程体系建设是大学英语教学改革的重要组成部分，只有设计合理、实际操作性强的大学英语课程体系才能够满足目前大学英语教学

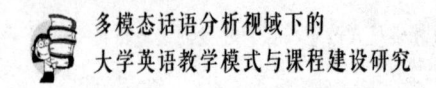

的要求。因此，要加强大学英语课程建设的力度，树立因内容而异和因人而异的"因材施教"的教学观。

（一）突出课程建设与改革的核心——英语教师

教学思想的转变意味着从以教师为主体转变为以学生为主体。教师要向学生传授知识，但更重要的是要培养学生主动获取知识的能力。学生是教学活动的基本出发点，是教学活动的主体，而教师主要作为组织者和指导者。教学的最终目标是培养学生应用英语的综合能力，所以教师在教学中应积极采用启发讨论式的教学方法和以培养学生的交际能力为目的的交际教学方法。强调以学生为中心，不仅要强调学生需要由语言信息的被动接受者和文化知识的灌输对象转变为信息加工的主体和知识意义的主动构建者，而且还要使教师转变为学生学习的帮助者和促进者。教学模式的改革则意味着教师要告别传统的"课本＋粉笔＋黑板"模式，真正进入到用现代教育技术教授英语的时代，应该花时间去学习、去摸索、去演练多媒体计算机辅助教学。

（二）重视课程建设与改革的主体——学生

学生是大学英语教学改革中的主体，也是改革最大的受益者。在以往的大学英语教学中，大部分学生抱怨英语学习枯燥乏味，无法调动学习兴趣，有些学生甚至抱怨之前对英语的兴趣在大学的英语学习中被消磨殆尽了，原来掌握的英语知识也逐渐忘却了，大学英语教学改革的一个重要目标就是提高学生学习英语的兴趣，从而提高学生的英语综合应用能力。新一轮的大学英语教学改革不仅在教学模式和教学手段上有了重大转变，而且在教学理念上也有了质的飞跃。首先，加强对学生语言应用能力的培养。大学英语教学改革从原来以阅读理解为主转向以听说为主，全面提高学生的英语综合应用能力，使学生能够真正把英语作为一种工具进行跨文化交流。其次，在理论教学中加入语言实践环节，明确语言实践的具体任务，将其规范化，以平时成绩的方式记入学期总评。

（三）大学英语课程完善措施

完善大学英语课程建设，必须做好以下几个方面的工作。

1. 建立灵活的课程体系，引导学生合理选课

大学英语课程设置涉及各个专业的培养计划和学校统一的课程体系，在实际操作中会受到必修课程和选修课程的限制，给教学管理部门和学生选课造成一定障碍。应该在学校层面建立更加灵活的课程体系，使不同水平的学生根据不同级别的课程目标自主选择必修课程和选修课程。教务处等相关部门应充分利用校园网向学生全面介绍大学英语课程，使学生能够了解大学英语每门课程的教学目的、教学计划和教学内容等。应该加强校园网的课程信息传播功能，增加选修课信息，如课程简介、学习要求、课时安排、考核方式等。

2. 提高教学能力，培养学生的外语综合素养

建立立体化的大学英语课程体系，增加、拓展类选修课程，不仅对教师的知识结构和专业素养提出了更高的要求，也对教师的教学能力提出了前所未有的挑战。因此，教师必须自觉坚持学习，吸纳现代外语教学、英语语言文学、教育学、心理学以及管理学等相关学科理论知识，丰富自己的课堂教学，完善课堂教学内容，提高课堂教学的趣味性和实效性。大学英语教师必须明确：选修课程既要保证对学生进行持续的英语语言输入，又要培养学生自觉运用外语获取专业知识的兴趣和习惯，以便学生在广泛接触和反复使用外语过程中巩固基础知识，提高语言交际能力。

3. 整合课程资源，发挥教师的主动性

大学英语选修课程普遍存在班级大、课时少、内容多等问题，授课教师必须学会合理利用多媒体教学手段进行创新性教学。事实上，在开设选修课过程中，多数教师针对以上具体问题自觉地开展了一些相关的教学研究工作，已成为研究型教师。他们对教材的使用不再是"照本宣科"，而是对市场上现有的相关教材进行选择、对比和研究，并根据选修课的实际情况对教材进行创新，制作内容丰富、详略得当的多媒体课件，并编写一些补充性材料。

参 考 文 献

[1] 教育部高等学校大学外语教学指导委员会. 大学英语教学指南[M]. 北京：高等教育出版社，2020.

[2] 曹德明，王文新，朱晔. 中国法语专业教学研究[M]. 上海：上海外语教育出版社，2016.

[3] 陈丽竹，刘露营. 基于学生视角的大学英语教学改革研究[M]. 北京：中国纺织出版社，2018.

[4] 贾国栋. 计算机辅助语言教学：理论与实践[M]. 北京：高等教育出版社，2007.

[5] 姜毓锋. 基于多模态话语理论的外语教学模式构建[M]. 北京：北京理工大学出版社，2015.

[6] 刘润清. 外语教学中的科研方法[M]. 北京：外语教学与研究出版社，1999.

[7] 束定芳，庄智象. 现代外语教学理论、实践与方法[M]. 上海：上海外语教育出版社，2008.

[8] 王琦. 信息技术环境下的外语教学研究[M]. 北京：中国社会科学出版社，2006.

[9] 王守仁主编. 高校大学外语教育发展报告[M]. 上海：上海外语教育出版社，2008.

[10] [苏]维果茨基. 维果茨基教育论著选[M]. 余震球，译. 北京：人民教育出版社，2005.

[11] 肖龙福，彭建武. 华东外语论坛[M]. 上海：上海外语教育出版社，2013.

[12] 杨德广. 高等教育学概论[M]. 上海：华东师范大学出版社，2010.

[13] 蔡基刚. "外语环境下"开展英语作为二语教学的范式探索——改革开放40周年我国高校外语教育的回顾与反思[J]. 东北师大学报（哲学社会科学版），2018（05）.

[14] 陈楚雄. 多模态化大学英语写作选修课教学策略研究[J]. 和田师范专科学校学报，2011（02）.

[15] 陈黎峰，韩娜. 基于多模态话语分析的跨境电商课程改革探索[J]. 宁波教育学院学报，2017（05）.

[16] 陈倩茜. 基于教育生态学理论的信息化教学模式初探[J]. 现代交际，2019（21）.

[17] 陈小近，谭明霞. 外语教师课堂多模态话语交互性设计[J]. 长春教育学院学报，2013（12）.

[18] 戴培兴，方小菊，高蕴华. 技术与意义的生成——论多模态PPT在大学英语课堂中的应用[J]. 东华大学学报（社会科学版），2008（02）.

[19] 代树兰. 关注多模态话语教学 提高学生交际能力[J]. 山东外语教学，2011（03）.

[20] 代淑为. 基于实验项目的高校英语教学研究[J]. 化工进展，2020（01）.

[21] 戴志敏，郭露. 多模态信息认知教学模式中案例教学效果解析[J]. 教育学术月刊，2013（01）.

[22] 都婧婧. 英语电影视频语篇与视听说教学[J]. 电影文学，2011（08）.

[23] 范莹芳，杨秀娟，王军. 英国文学史及选读课程多模态课件设置研究[J]. 长春教育学院学报，2013（23）.

[24] 范勇慧. 多模态话语分析在英语教学中的应用研究[J]. 内蒙古民族大学学报，2011（04）.

[25] 冯德正. 多模态语篇分析的基本问题探讨[J]. 北京第二外国语学院学报，2017（03）.

[26] 丰玉芳. 建构主义学习设计六要素在英语教学中的应用[J]. 外语与外语教学，2006（06）.

[27] 付蓓. 多模态化的英语写作教与学[J]. 湖北师范学院学报（哲学社会科学版），2010（05）.

[28] 高翔. 英语多模态听力测试的现状与展望[J]. 四川教育学院学报，2011（08）.

[29] 龚晖娟. 英语原版电影在大学英语教学中的应用[J]. 电影文学，2009（11）.

[30] 顾成华. 基于现代信息技术的大学英语多模态自主学习[J]. 长春教育学院学报，2013（23）.

[31] 辜贤禹. 网络环境下大学英语多模态互动教学模式建构[J]. 高教论坛，2016（07）.

[32] 顾曰国. 多媒体、多模态学习剖析[J]. 外语电化教学，2007（02）.

[33] 辛斌，唐丽娟. 对一则社会公益广告的多模态解读[J]. 外语教育研究，2014（01）.

[34] 桂诗春，关于计算机辅助外语教学的若干问题——在全国计算机辅助语言教学专业委员会上的发言[J]. 外语电化教学，1994（04）.

[35] 郭建红，黄田. 多模态互存的大学英语教学新模式[J]. 湖南工业大学学报（社会科学版），2011（04）.

[36] 郭爽. 多模态大学英语任务教学实践探究[J]. 长春师范大学学报，2015（10）.

[37] 何高大. 现代语言学与多媒体辅助外语教学[J]. 外语电化教学，2000（03）.

[38] 胡铁生，黄明燕，李民. 我国微课发展的三个阶段及其启示[J]. 远程教育杂志，2013（08）.

[39] 胡雯. 多模态话语分析在英语教学中的应用[J]. 山东理工大学学报（社会科学版），2011（03）.

[40] 胡壮麟，董佳. 意义的多模态构建——对一次PPT演示竞赛的语篇分析[J]. 外语电化教学，2006（03）.

[41] 胡壮麟. 社会符号学研究中的多模态化[J]. 语言教学与研究，2007（01）.

[42] 江华珍，陈清. 论多模态PPT在大学英语课堂中的应用[J]. 琼州学院学报，2011（03）.

[43] 柯惠娟. 多模态环境下大学英语移动教学模式建构[J]. 海南广播电视大学学报，2017（02）.

[44] 李碧云. 英美文学多模态教学模式的构建与实践[J]. 渭南师范学院学报，2017（10）.

[45] 李冰芷. 多模态话语理论在大学英语阅读教学中的应用[J]. 长春教育学院学报，2013（02）.

[46] 李慧. 阅读与阅读现状分析[J]. 解放军外国语学院学报，1999（06）.

[47] 李晶. 多模态视角下大学英语写作教学模式研究[J]. 长春教育学院学报，2014（07）.

[48] 李宇峰. 英语教学与学生跨文化交际能力的培养[D]. 大连：辽宁师范大学，2006.

[49] 李战子. 多模式话语的社会符号学分析[J]. 外语研究，2003（05）.

[50] 梁丽，张宜. 多模态话语分析视角下的大学英语教材改革[J]. 沈阳师范大学学报（社会科学版），2015（05）.

[51] 刘菲. 国际化人才培养目标下的多模态高校英语教学体系构建[J]. 外语研究，2014（06）.

[52] 刘海清. 多模态视角下的公安院校大学英语口语教学策略[J]. 湖北警官学院学报，2015（04）.

[53] 刘剑，胡开宝. 多模态口译语料库的建设与应用研究[J]. 中国外语，2015（05）.

[54] 刘燕. 多模态视野下的独立学院大学英语教学优化研究[J]. 长治学院学报，2015（06）.

[55] 刘芹，潘鸣威. 理工科大学生英语口语多模态语料库构建研究[J]. 现代教育技术，2010（04）.

[56] 刘芹，潘鸣威. 多模态环境下中国大学生英语口语非言语交际能力研究初探[J]. 外语电化教学，2010（02）.

[57] 龙宇飞，赵璞. 大学英语听力教学中元认知策略与多模态交互研究

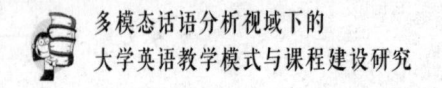

[J]. 外语电化教学, 2009（04）.

[58] 马莉, 刘庆连, 刘忠伏. 多模态识读能力在大学英语阅读教学中的建构[J]. 湖北科技学院学报, 2015（11）.

[59] 潘艳艳, 张辉. 多模态语篇的认知机制研究——以《中国国家形象片·角度篇》为例[J]. 外语研究, 2013（01）.

[60] 钱秀娟. 多模态话语在研究生导师课堂教学中的体现[J]. 赤峰学院学报（汉文哲学社会科学版）, 2011（06）.

[61] 邱晓红. 基于多模态话语分析理论的高职商务英语听说教学改革探索[J]. 无锡职业技术学院学报, 2011（03）.

[62] 任蓉. 多模态大学英语课堂语篇的话语意义构建[J]. 广西教育学院学报, 2015（06）.

[63] 任红锋, 张晓世, 杨琴琴, 王琳. 多模态环境下自主听力有效学习及其特征简析[J]. 山西农业大学学报（社会科学版）, 2013（08）.

[64] 任俊桦. 多模态PPT演示教学在大学英语教学中的优化研究——以天津工业大学英语拓展课程"美国社会与文化"为例[J]. 西南农业大学学报（社会科学版）, 2013（12）.

[65] 阮彬. 大学英语大班教学中的问题及对策[J]. 湖北科技学院学报, 2014（09）.

[66] 盛群力, 褚献华. 布卢姆认知目标分类修订的二维框架[J]. 课程·教材·教法, 2004（09）.

[67] 盛仁泽. 元认知策略与多模态交互下的听力理解和词汇附带习得[J]. 黑龙江高教研究, 2011（09）.

[68] 沈兆文. 英文影视作品在《基础英语》多模态教学中的应用研究[J]. 哈尔滨职业技术学院学报, 2015（03）.

[69] 沈兆文, 张其海. 《基础英语》课程多模态教学设计研究[J]. 河北广播电视大学学报, 2015（03）.

[70] 谌艳. 大学英语教学中多模态话语理论效用分析及构建途径探究[J]. 湖北开放职业学院学报, 2019（08）.

[71] 孔亚楠. 多模态话语分析与外语词汇教学[J]. 语文学刊, 2008（12）.

[72] 孙毅. 多模态话语意义建构——以2011西安世界园艺博览会会徽为基点[J]. 外语与外语教学, 2012（01）.

[73] 陶亚楠. 多模态专业英语听力教学模式的实证研究[J]. 长春教育学院学报, 2014（07）.

[74] 万文君. 大学英语多模态读写能力现状及对策探析[J]. 湖北函授大学学报, 2017（24）.

[75] 王蓓, 陆晓华. 多模态话语分析理论在大学英语课堂教学中的应用研究[J]. 湖北函授大学学报, 2015（17）.

[76] 王凤. 言与非言的多模态隐喻研究[J]. 外语学刊, 2013（02）.

[77] 王粉梅. 蒙古族大学生公共英语课堂多模态教学实践[J]. 沈阳农业大学学报（社会科学版）, 2015（05）.

[78] 王玉雯. 多模态听力自主学习的设计及其效果研究[J]. 外语电化教学, 2009（06）.

[79] 王玥. 多模态话语研究视角下的第二语言教学[J]. 哈尔滨学院学报, 2010（08）.

[80] 王炤. 多媒体英语写作教学中的多模态互动模式[J]. 外语电化教学, 2010（06）.

[81] 王正, 张德禄. 基于语料库的多模态语类研究——以期刊封面语类为例[J]. 外语教学, 2016（05）.

[82] 王拙. 大学多模态英语教学初探[J]. 长春金融高等专科学校学报, 2012（04）.

[83] 魏际兰. 大学英语精读课教师话语的多模态分析[J]. 四川教育学院学报, 2011（03）.

[84] 韦琴红. 多模态化与大学生多元识读能力研究[J]. 外语电化教学, 2009（02）.

[85] 魏涛, 朱天祥. 多模态双语复合型教学模式探索[J]. 外国语文, 2013（S1）.

[86] 吴玲娟. 多模态英语教学对大学生多元识读能力影响实证研究[J]. 现代教育技术, 2013（10）.

[87] 吴雪颖. 基于改编电影的英美文学多模态教学模式探析[J]. 电影文学, 2009（22）.

[88] 项平. 谈二维教学目标体系的构筑[J]. 上海教育科研, 2009（09）.

[89] 肖芳英. 多模态交互教学模式下大学英语跨文化交际能力的培养研究[J]. 智库时代, 2019（52）.

[90] 肖志华. 大学英语多模态课堂教学实践——评《大学英语多模态课堂教学研究》[J]. 高教探索, 2017（02）.

[91] 谢竞贤, 董剑桥. 论多媒体与多模态条件下的大学英语听力教学[J]. 外语电化教学, 2010（06）.

[92] 辛斌, 唐丽娟. 对一则社会公益广告的多模态解读[J]. 外语教育研究, 2014（01）.

[93] 熊苏春. 基于网络环境的大学生语言学习焦虑与策略使用之关系研究[J]. 外语电化教学, 2012（06）.

[94] 许玉. 大学英语校本拓展课程建设与实践研究[J]. 南京医科大学学报：社会科学版, 2017（06）.

[95] 杨文慧. 论大学商务英语教学课程战略理念与模式构建[J]. 广东外语外贸大学学报, 2011（05）.

[96] 杨芳, 魏兴, 张文霞. 大学英语混合式教学模式探析[J]. 外语电化教学, 2017（01）.

[97] 杨友文. 海报语篇多模态隐喻表征类型研究[J]. 外语研究, 2015（03）.

[98] 姚克勤. 多模态话语分析与非英语专业阅读教学模式探索[J]. 西安财经学院学报, 2014（03）.

[99] 姚晓鸣. 多模态大学英语课堂的角色建模与教学设计[J]. 郑州航空工业管理学院学报（社会科学版）, 2011（04）.

[100] 应春艳. 基于MOOC的大学英语教学对高等教育教材出版的启示[J]. 科技与出版, 2015（09）.

[101] 原伟亮. 多模态话语分析在英语写作教学中的应用[J]. 浙江海洋学院学报（人文科学版）, 2014（02）.

[102] 袁传有."多模态信息认知教-学模式初探"——复合型课程"法律英语"教学改革尝试[J]. 山东外语教学, 2010 (04).

[103] 曾蕾. 大学英语多模态教学模式研究[J]. 北京科技大学学报（社会科学版）, 2014 (05).

[104] 张德禄. 多模态话语分析综合理论框架探索[J]. 中国外语, 2009 (01).

[105] 张德禄. 多模态话语理论与多媒体技术在外语教学中的应用[J]. 外语教学, 2009 (04).

[106] 张德禄. 多模态外语教学的设计与模态调用初探[J]. 中国外语2010 (03).

[107] 张德禄, 丁肇芬. 外语教学多模态选择框架探索[J]. 外语界, 2013 (03).

[108] 张德禄. 多模态话语的文化语境：社会符号学视角[J]. 天津外国语大学学报, 2016 (11).

[109] 张琳. 大学英语口语课堂中的多模态话语分析[J]. 重庆科技学院学报（社会科学版）, 2010 (13).

[110] 张丽萍, 孙胜难, 周贤. 对话理论视角下多模态商品警示语的意义建构——烟盒警示语个案分析[J]. 外语与外语教学, 2016 (04).

[111] 张瑞. 多模态英语听力教学模式探析[J]. 长春教育学院学报, 2013 (02).

[112] 张艳. 大学英语课堂中多模态教学模式探究[J]. 文化创新比较研究, 2019 (06).

[113] 张征. 多模态PPT演示教学与学生学习绩效的相关性研究[J]. 中国外语, 2010 (03).

[114] 张振虹, 何美, 韩智. 大学公共英语多模态语料库的构建与应用[J]. 山东外语教学, 2014 (03).

[115] 赵丹婷. 大学英语校本课程开发研究[J]. 教育探索, 2014 (08).

[116] 赵秀凤. 概念隐喻研究的新发展多模态隐喻研究——兼评 Forceville & Urios-Aparisi《多模态隐喻》[J]. 外语研究, 2011 (01).

[117] 赵锐. 多模态视阈下的大学英语口语教学实践探析[J]. 西安文理学院学报（社会科学版），2016（06）.

[118] 周健. 新媒体背景下的多模态话语分析理论应用研究——以大学英语教学为例[J]. 浙江传媒学院学报，2015（02）.

[119] 周天楠，何利民，李春明. 多模态视阈下的大学英语翻译教学策略研究[J]. 重庆文理学院学报（社会科学版），2017（06）.

[120] 朱慧玲. 多模态语境下英语教学的思考[J]. 长江工程职业技术学院学报，2010（01）.

[121] 祝珣，马文静. 布鲁姆教育目标分类理论对大学英语阅读教学的启示[J]. 中国大学教学，2014（09）.

附录一

计算机网络和信息技术背景下大学英语教学情况调查问卷（学生版）

亲爱的同学：

你好！这份问卷的目的主要是希望能了解你的英语学习状况、网络和信息技术背景下自主学习效果，你的意见非常宝贵，会作为将来改进英语教学的参考。这不是考试，你的回答没有对错之分，调查结果只用于统计分析，不会给你个人带来任何不利影响，请根据自己真实的体验，以最直接的感觉填答。填答时，请注意每一部分的说明。非常感谢你的协助！

第一部分　个人基本资料

性　别＿＿＿＿＿＿＿＿　　年　龄＿＿＿＿＿＿＿＿
年　级＿＿＿＿＿＿＿＿　　专　业＿＿＿＿＿＿＿＿

第二部分　英语学习状况调查

这部分问卷的目的在于了解你的英语学习状况、网络和信息技术背景下自主学习效果。请选择其中最能说明你的实际情况的答案，在合适的选项上打钩，谢谢你的合作！请每题都填写，不要有空白、漏答的情况。

1. 每个人的学习方法都不一样，适合自己的最重要。
   A. 完全同意
   B. 基本同意
   C. 不清楚
   D. 基本不同意

E. 完全不同意

2. 学习英语的过程中犯错误是很自然的事情。

A. 完全同意

B. 基本同意

C. 不清楚

D. 基本不同意

E. 完全不同意

3. 学习英语耗时耗力。

A. 完全同意

B. 基本同意

C. 不清楚

D. 基本不同意

E. 完全不同意

4. 我的英语学习能力一般。

A. 完全同意

B. 基本同意

C. 不清楚

D. 基本不同意

E. 完全不同意

5. 我担心他人对自己的英语学习状况进行评价。

A. 完全同意

B. 基本同意

C. 不清楚

D. 基本不同意

E. 完全不同意

6. 你认为学习英语的主要目的是什么？（可多选）。

A. 为了将来找到一份好工作

B. 为了通过大学英语四、六级考试以及研究生入学考试

C. 英语课是必修课，不得不学

D. 对英语学习非常感兴趣

7. 你对网络和信息技术背景下大学英语自主学习模式的态度是什么？

A. 非常喜欢

B. 感觉还可以

C. 不喜欢

8. 我在利用网络资源或手机 App 进行自主学习时，有自己的学习计划。

A. 完全不符合

B. 不符合

C. 不知道

D. 符合

E. 完全符合

9. 我在利用网络资源或手机 App 进行自主学习，没有具体的学习目标。

A. 完全不符合

B. 不符合

C. 不知道

D. 符合

E. 完全符合

10. 在利用网络资源或手机 App 进行自主学习时，我能自觉排除无关网页以及周围环境干扰。

A. 完全不符合

B. 不符合

C. 不知道

D. 符合

E. 完全符合

11. 在利用网络资源或手机 App 进行自主学习时，我知道应该使用哪些学习方法。

A. 完全不符合

B. 不符合

C. 不知道

D. 符合

E. 完全符合

12. 我除了完成教师要求的学习任务外，通常不制订自我学习计划。

    A. 完全不符合

    B. 不符合

    C. 不知道

    D. 符合

    E. 完全符合

13. 我基本不能根据自己的学习情况来调整相应的自主学习计划。

    A. 完全不符合

    B. 不符合

    C. 不知道

    D. 符合

    E. 完全符合

14. 我可以通过校园网找到自己需要的英语学习资源。

    A. 完全不符合

    B. 不符合

    C. 不知道

    D. 符合

    E. 完全符合

15. 我基本不能合理地安排自主学习内容。

    A. 完全不符合

    B. 不符合

    C. 不知道

    D. 符合

    E. 完全符合

16. 我基本能够客观地评价在自主学习过程中取得的进步并找出不足之处。

    A. 完全不符合

    B. 不符合

    C. 不知道

    D. 符合

E. 完全符合

17. 在利用校内网进行自主学习时，我不会经常利用网络来学习英语。

A. 完全不符合

B. 不符合

C. 不知道

D. 符合

E. 完全符合

18. 我在收看或者是收听英语方面的节目时，愿意模仿说话人的语音、语调。

A. 完全不符合

B. 不符合

C. 不知道

D. 符合

E. 完全符合

19. 我不会经常利用校内网的自主学习系统做一些相关的练习题。

A. 完全不符合

B. 不符合

C. 不知道

D. 符合

E. 完全符合

20. 我常常利用校内网的自主学习资源来检索相关的英语学习知识。

A. 完全不符合

B. 不符合

C. 不知道

D. 符合

E. 完全符合

21. 我不能经常与任课教师以及周围同学就自主学习交流相关的经验与体会。

A. 完全不符合

B. 不符合

C. 不知道

D. 符合

E. 完全符合

22. 在自主学习过程中遇到困难时，我不会向任课教师以及周围同学寻求帮助。

A. 完全不符合

B. 不符合

C. 不知道

D. 符合

E. 完全符合

23. 在出现厌学征兆时，我能及时矫正自己的学习态度并进行主动学习。

A. 完全不符合

B. 不符合

C. 不知道

D. 符合

E. 完全符合

24. 我觉得自己的语音语调不好，不敢说英语。

A. 完全不符合

B. 不符合

C. 不知道

D. 符合

E. 完全符合

25. 我认为自己在说英语之前总是要犹豫，在头脑中将要说的句子重复多遍才敢说出。

A. 完全不符合

B. 不符合

C. 不知道

D. 符合

E. 完全符合

26. 自主学习是自己的事情，教师不应该给予太多的干预。

A. 完全不适合

B. 通常不适合

C. 有时适合

D. 通常适合

E. 完全适合

27. 网络技术与我们的学习生活息息相关。

A. 非常同意

B. 基本同意

C. 不确定

D. 基本不同意

E. 不同意

28. 你使用互联网的频率是?

A. 几乎每天

B. 经常

C. 有时

D. 偶尔

E. 从不

29. 你会利用网络资源查询与英语学习相关的信息。

A. 非常同意

B. 基本同意

C. 不确定

D. 基本不同意

E. 不同意

30. 你是否会完全借鉴网络上查找到的与专业知识相关的英文原版文献?

A. 完全借鉴

B. 辩证地学习

C. 大致浏览一番

D. 不会读这些文献

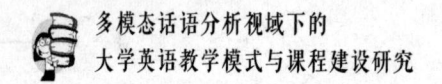

附录二

计算机网络和信息技术背景下大学英语教学情况调查问卷（教师版）

尊敬的老师：

您好！本问卷设计旨在调查您对所在学校计算机网络和信息技术背景下的非英语专业大学英语教学现状的了解及态度。您的回答将对相关研究有很大帮助，而且对改进教学也会提供一定的参考意见，请您选择其中最能说明您的实际情况的答案，在合适的选项上打钩。答案无所谓对错，本研究以匿名形式进行，对您的信息绝对保密，谢谢您的合作与支持！

第一部分　基本信息

1. 您的性别为
A. 男　　　　　　B. 女
2. 您的年龄为
A. 30 岁以下　　　B. 31–35 岁　　　C. 36–40 岁
D. 40–4 岁　　　　E. 46–50 岁　　　F. 50 岁以上
3. 您的大学英语教龄是
A. 5 年以下　　　B. 5–15 年　　　C. 16–25 年　　　D. 25 年以上

第二部分　调查信息

在下面的问卷调查中，问题的设计主要是基于计算机网络和信息技术背景下的大学英语教学情况。请您阅读后仔细进行选择。感谢您的参与！

4. 您在课堂上经常使用的教学方法有？（可多选）

A. 讲授法　　B. 句型练习法　　C. 情景对话法　　D. 反思写作法

E. 辩论法　　F. 快速回应法　　G. 口语对话法　　H. 开放式作文法

I. 实地考察法　　　　　　　J. 教师指导下的课堂讨论法

K. 学生自主讨论法　　　　　L. 问题中心法

5. 您如何选择教学模态，以便用 PPT 向学生展示教学内容和有用信息？

A. 经常使用本文

B. 经常注意字体以及排版方面的问题

C. 经常在 PPT 中插入一些图片

D. 在制作 PPT 时加入动画、视频以及音频链接

6. 您使用 PPT 课件的频率是？

A. 每节课

B. 大部分课

C. 一半课

D. 少部分课

E. 基本不用

7. 如果遇到停电、投影仪等设备出现故障，或者忘记携带移动硬盘等突发事件时，您的感受如何？

A. 很难受，严重影响了正常上课的进程

B. 感觉不自在，觉得上课比较吃力

C. 感到不太方便，教学进程备受影响

D. 可以正常上课，不受任何影响

8. 您在大学英语教学过程中是否常常选择计算机以及网络来辅助英语教学？

A. 常常

B. 偶尔

C. 很少

D. 从不

9. 您能否意识到信息技术对英语教师的重要意义？

A. 完全意识到

B. 基本意识到

C. 基本意识不到

D. 意识不到

E. 完全意识不到

10. 您在准备教学科研资料时，会想到从互联网上查找资料吗？

A. 会　　　　B. 不会

11. 您是否常常参加计算机以及网络方面的培训？

A. 常常

B. 偶尔

C. 很少

D. 从不

12. 您认为网络环境下教师应具备哪些信息素养？（可多选）

A. 具有迅速解决计算机以及网络故障的能力

B. 具有迅速在互联网上搜索教学资源的能力

C. 具有把计算机以及互联网灵活运用到大学英语教学中的能力

D. 具有熟悉网络环境下的大学英语教学策略以及方法的能力

E. 具有利用计算机以及网络来设计英语学习活动的能力

F. 具有利用计算机以及网络来设计英语学习活动以期提高学生信息素养的能力

G. 具有培养学生自主学习的能力

H. 具有培养学生探索以及合作学习的能力

I. 具有依据学生的个体差异来进行教学的能力

J. 具有帮助学生解决问题，完成复杂任务以及培养学生批判性思维的能力

K. 具有满足学生不断变化的学习需求以及指导学生如何学习的能力

13. 您所掌握计算机操作系统方面知识的程度是？

A. 完全掌握

B. 基本掌握

C 一般掌握

D. 不熟练掌握

E. 完全掌握

14. 您对文字、图像处理软件的熟练程度是？

A. 非常熟练

B. 熟练

C. 不熟练

D. 完全不熟练

15. 您对制作音频、视频剪辑合成的熟练程度是？

A. 非常熟练

B. 熟练

C. 不熟练

D. 完全不熟练

E. 教师培训

16. 您是否接受过计算机以及网络教学方面的培训？

A. 是

B. 否

17. 您需要得到哪些方面的培训？（可多选）

A. 计算机以及网络在外语教学中应用方法的培训

B. 常用软件方面的培训

C. 参加计算机以及网络应用方面的培训

18. 您希望学校给予哪些方面的支持？（可多选）

A. 提供最先进的软硬件设备

B. 培训师生有效地使用计算机以及互联网

C. 激励并且对教师学习使用技术所付出的努力以及时间进行补偿

D. 鼓励教师之间的相互合作以期开发网络教学资源

E. 师生可以随时进入自主学习中心进行学习

F. 技术人员可以随时给予技术支持

G. 对教师参加外语教学学术会议以及研讨会等进行资金上的援助

H. 组织教师在校内开展研讨会

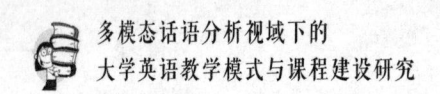

附录三

大学英语口语学习情况调查问卷

亲爱的同学:

你好！这份问卷的目的主要是希望能了解你英语口语学习的情况，你的意见非常宝贵，会作为将来改进英语教学的参考。这不是考试，你的回答没有对错之分，调查结果只用于统计分析，不会给你个人带来任何不利影响。请根据自己真实的体验，以最直接的感觉填答。填答时，请注意每一部分的说明。非常感谢你的协助！

第一部分 个人基本资料

性 别 _____ 年 龄 _____

年 级 _____ 班 级 _____

1. 你对自己目前的英语口语水平满意程度如何？（ ）
   A. 很满意 B. 较满意 C. 一般 D. 较不满意 E. 很不满意
2. 你有提高自身英语口语水平的意愿么？（ ）
   A. 有 B. 暂时不考虑 C. 不在意

第二部分 英语课堂口语焦虑状况调查

这部分问卷的目的在于帮助你了解自己上英语课时的心理感受。每个题目都有五个选项，依照发生的概率，由小到大的顺序为：（1）非常不同意；（2）较不同意；（3）不清楚；（4）较同意；（5）非常同意。请在合适的数字上打钩。

请根据数字代表的意思，选择其中最能说明你的实际情况的答案。每一题只有一个答案，谢谢您的合作！请每题都填写，不要有空白、漏答的情况。

1. 你对当前英语口语学习的重要性有充分的认识。
（1）非常不同意　（2）不同意　（3）不清楚　（4）同意　（5）非常同意
2. 你认为英语口语对未来事业的成功很重要。
（1）非常不同意　（2）不同意　（3）不清楚　（4）同意　（5）非常同意
3. 你认为教师的授课方式对于学生的学习效果很重要。
（1）非常不同意　（2）不同意　（3）不清楚　（4）同意　（5）非常同意
4. 我总觉得别的同学口语都比我好。
（1）非常不同意　（2）不同意　（3）不清楚　（4）同意　（5）非常同意
5. 课后，我喜欢和同学用英语进行交流。
（1）非常不同意　（2）不同意　（3）不清楚　（4）同意　（5）非常同意
6. 在和外国人交流时，我非常自信。
（1）非常不同意　（2）不同意　（3）不清楚　（4）同意　（5）非常同意
7. 你对这学期的口语学习兴趣越来越高。
（1）非常不同意　（2）不同意　（3）不清楚　（4）同意　（5）非常同意
8. 你喜欢教师课堂使用多媒体课件的教学方式。
（1）非常不同意　（2）不同意　（3）不清楚　（4）同意　（5）非常同意
9. 在英语课上回答问题时，老师的表情和沉默会让我很紧张。
（1）非常不同意　（2）不同意　（3）不清楚　（4）同意　（5）非常同意
10. 你非常喜欢小组讨论形式的口语活动。
（1）非常不同意　（2）不同意　（3）不清楚　（4）同意　（5）非常同意
11. 在用英语表达时，你不介意是否会出现错误。
（1）非常不同意　（2）不同意　（3）不清楚　（4）同意　（5）非常同意
12. 你总是抓住每个机会和外国人进行交流。
（1）非常不同意　（2）不同意　（3）不清楚　（4）同意　（5）非常同意
13. 你上课能够配合教师做好 PPT 演示。
（1）非常不同意　（2）不同意　（3）不清楚　（4）同意　（5）非常同意
14. 你上课能够积极地参与到口语实践活动中。
（1）非常不同意　（2）不同意　（3）不清楚　（4）同意　（5）非常同意
15. 你能够很好地完成教师课后布置的多媒体任务。
（1）非常不同意　（2）不同意　（3）不清楚　（4）同意　（5）非常同意